Cocina regional española

Cristina Sala

COCINA REGIONAL ESPAÑOLA

A pesar de haber puesto el máximo cuidado en la redacción de esta obra, el autor o el editor no pueden en modo alguno responsabilizarse por las informaciones (fórmulas, recetas, técnicas, etc.) vertidas en el texto. Se aconseja, en el caso de problemas específicos —a menudo únicos— de cada lector en particular, que se consulte con una persona cualificada para obtener las informaciones más completas, más exactas y lo más actualizadas posible. EDITORIAL DE VECCHI, S. A. U.

Fotografías de la cubierta y del interior de Firo-Foto.

© Editorial De Vecchi, S. A. 2018
© [2018] Confidential Concepts International Ltd., Ireland
Subsidiary company of Confidential Concepts Inc, USA
ISBN: 978-1-68325-754-7

El Código Penal vigente dispone: «Será castigado con la pena de prisión de seis meses a dos años o de multa de seis a veinticuatro meses quien, con ánimo de lucro y en perjuicio de tercero, reproduzca, plagie, distribuya o comunique públicamente, en todo o en parte, una obra literaria, artística o científica, o su transformación, interpretación o ejecución artística fijada en cualquier tipo de soporte o comunicada a través de cualquier medio, sin la autorización de los titulares de los correspondientes derechos de propiedad intelectual o de sus cesionarios. La misma pena se impondrá a quien intencionadamente importe, exporte o almacene ejemplares de dichas obras o producciones o ejecuciones sin la referida autorización». (Artículo 270)

Índice

Introducción	7
PRIMEROS PLATOS	9
SEGUNDOS PLATOS	57
POSTRES	111
Índice de recetas	151
Recetas por Comunidades Autónomas	155

Introducción

La escasa movilidad generada por la sociedad rural, que ha sido la predominante hasta tiempos muy recientes, ayudó a fijar los caracteres que se reconocen como propios de cada región. La masiva migración hacia las ciudades y la adopción de nuevos hábitos alimentarios no afecta solamente a las personas desplazadas, sino que, debido al enorme influjo de la cultura urbana, ha llegado también a los rincones más remotos. La conclusión de este proceso ha sido una creciente homogeneización gastronómica.

No obstante, la desvinculación de la agricultura de los ciclos naturales, junto con la llegada de productos e información de otras regiones, nos conduce a un replanteamiento del concepto de cocina regional: se ha convertido en un instrumento de intercambio que, a la vez que ayuda a revalorizar la propia cultura, permite conocer otras realidades y descubrir que las similitudes son con frecuencia mayores que las diferencias.

Desde esta perspectiva, la elección de las recetas que configuran este volumen se ha llevado a cabo huyendo de tópicos que encasillan algunos platos a determinadas regiones. Un claro ejemplo de ello sería el gazpacho. La popularidad de esta sopa fría ha llevado a pensar que sólo existe una forma de elaborarla y que es exclusiva de la región andaluza. Nada más lejos de la realidad, ya que en la misma Andalucía existen múltiples variantes y es tradicional también en Extremadura, de donde procede la receta que se ofrece en este libro. Además, con el nombre de gazpacho se conocen otros platos, originalmente elaborados con carne de caza y que corresponden a otras comunidades autónomas.

Quizás algunos lectores, celosos del patrimonio gastronómico de su región, se sorprendan al ver adjudicada a otra comunidad alguna receta que consideren propia. Después de contrastar exhaustivamente recetas de unas y otras regiones, se ha llegado a la conclusión de que donde hay productos muy similares se elaboran platos comunes, y que, con frecuencia, las diferencias entre ellos no son mayores que las que pueden darse entre dos recetas de la misma región. En ningún caso se trata de establecer el origen de la comida tradicional, sino de adquirir conocimientos del entorno y disfrutar cocinando.

La clasificación de los platos en primeros y segundos ofrece en algunos casos, como en el cocido, algunas dudas, ya que su propia composición lleva implícito que debe servirse en dos y aun en tres etapas, de modo que configura un menú completo. Quedará, por tanto, al buen criterio del cocinero la composición del menú que desee elaborar.

Tanto en la elección de estos platos como en las recetas de postres ha primado la voluntad de dar a conocer recetas muy populares que pueden confeccionarse en casa, por esta razón se han evitado aquellas que requieren instrumentos poco frecuentes en una cocina, ingredientes difíciles de encontrar o manipulaciones complejas de los alimentos.

En líneas generales, las recetas se han calculado para 4 o 6 comensales, entendiendo que son las que, en la actualidad, se adaptan mejor a una unidad familiar. En caso de aumentar el número de comensales, los ingredientes pueden adecuarse proporcionalmente con mucha facilidad. Respecto a los postres, muchos de ellos se preparan en pequeñas porciones, por lo que su tamaño y la relación con el número de comensales puede ser muy variable.

Para facilitar el uso del recetario se ha incluido la siguiente clave gráfica que informa de los aspectos comunes en todas las recetas:

  Comunidad autónoma a la que pertenece.

  Número de personas para las que se ha calculado.

  Grado de dificultad que presenta su elaboración (fácil, media o difícil).

Primeros platos

Ajoblanco

250 g de almendras
2 dientes de ajo pelados
180 ml de aceite de oliva virgen extra
150 g de migas de pan
15 ml de vinagre de Jerez
1 l de agua muy fría
uva moscatel
sal

 Andalucía   4 personas   Media

1. Se escaldan las almendras durante un par de minutos en agua hirviendo para que salte la piel.

2. Una vez peladas, se ponen en el mortero junto con los dientes de ajo pelados y un poco de sal, y se machaca todo hasta que esté bien majado.

3. Llegado este punto, se añaden la migas de pan, previamente remojadas y bien escurridas, y se sigue machacando hasta obtener una mezcla homogénea.

4. A continuación, se agrega el aceite poco a poco, mientras se bate sin pausa para que ligue como una mayonesa.

5. Se añade el vinagre, removiendo bien para su completa integración.

6. Por último, se aclara la mezcla con el agua muy fría y se añaden granos de uva moscatel, pelados y despepitados.

Cocina regional española

Almejas a la marinera

1 kg de almejas
2 dientes de ajo
1 cebolla pequeña
1 guindilla
perejil
harina
50 ml de vino blanco
zumo de limón
aceite de oliva virgen extra
sal

  Cantabria   4 personas   Fácil

1. Se lavan las almejas en abundante agua y sal, y se ponen en una sartén a fuego vivo para que se abran.

2. Una vez abiertas se reservan; el agua resultante de la cocción se cuela y también se reserva.

3. Se pican muy bien los ajos y la cebolla y se hace un sofrito en una cazuela de barro. Cuando esté dorado, se agrega una cucharada de harina, se rehoga un poco, se añade el agua de las almejas, el vino blanco, el zumo de medio limón y la guindilla.

4. Pasados unos minutos, se incorporan las almejas y, a fuego muy suave para que no se sequen, se deja cocer todo durante 7 u 8 minutos.

5. Antes de servir se espolvorea con abundante perejil picado.

Arroz ajoarriero

500 g de arroz
250 g de bacalao
1 patata
1 cebolla
1 tomate
1 pimiento verde
2 dientes de ajo
1,5 l de agua
2 huevos
migas de pan
1 tallo de perejil
aceite de oliva virgen extra
sal

 Aragón   4 personas   Fácil

1. La noche antes de la elaboración del plato se pone el bacalao en agua para desalarlo.

2. Con los huevos, las migas de dos rebanadas grandes de pan y el perejil trinchado se elabora una tortilla y se reserva.

3. Se pone aceite a calentar en una cazuela de barro y se prepara un sofrito con la cebolla picada, el bacalao desmigado, el tomate y el pimiento cortados y el ajo bien picado. Se cuece todo a fuego lento y, cuando haya tomado color, se agrega la patata cortada en gruesas láminas. Se le da unas vueltas y se añade el agua hirviendo, el arroz y la tortilla cortada en dados. Antes de rectificar la sal es conveniente probar el caldo, puesto que el bacalao habrá desprendido algo de sal.

4. Se deja cocer unos 15 minutos, hasta que el arroz esté en su punto.

Arroz con habichuelas

125 g de arroz
400 g de habichuelas
300 g de alcachofas
300 g de nabos
1 cabeza de ajos
1 pimiento verde
pimentón dulce
2 tomates maduros
comino en grano
aceite de oliva virgen extra
sal

 R. de Murcia   4 personas   Fácil

1. Se pone una cazuela al fuego con agua fría y se inicia la cocción de las habichuelas, que habrán estado en remojo durante 24 horas. Cuando el agua comience a hervir, se agregan los nabos cortados.

2. Se limpian las alcachofas de tallos y puntas duras y se trocean, al igual que el pimiento; se fríen lentamente en una sartén. Cuando la verdura esté tierna, se aparta del fuego y se reserva.

3. En el mismo aceite de las verduras, se fríen los ajos enteros y, cuando empiecen a tomar color, se añade la pulpa de los tomates, una cucharadita de pimentón y unos granos de comino. Se remueve todo y se aparta del fuego.

4. Cuando las habichuelas empiecen a estar tiernas, se añaden los dos sofritos a la cazuela, se incorpora el arroz y se deja cocer durante unos 15 minutos. Si en el momento de agregar el arroz se observa que puede quedar corto de agua, se añade la necesaria.

Arroz negro

500 g de sepia
400 g de arroz
caldo de pescado
1 cebolla pequeña
3 tomates maduros
1 pimiento rojo mediano
2 bolsitas de tinta de sepia
aceite de oliva
sal

 Cataluña   4 personas   Media

1. Se pone a calentar aceite en una cazuela (habrá que cubrir bien el fondo), y se sofríen en él la cebolla y el pimiento picados. Cuando estén casi hechos, se incorpora la sepia troceada.

2. Una vez dorado este sofrito, se incorpora la pulpa de los tomates, y se deja cocer durante unos 15 minutos, a fuego lento.

3 Seguidamente, se incorpora el arroz y luego el caldo (se mide el volumen de arroz en tazas y se echa el doble de caldo); luego, cuando rompa a hervir, se incorpora la tinta de las sepias; se sazona, y se deja que cueza unos 15 minutos.

4. Una vez cocido el arroz (ha de quedar un poco duro), se deja reposar unos minutos y se sirve.

Atascaburras

1 kg de patatas
250 g de bacalao
2 huevos
3 dientes de ajo
aceite de oliva virgen extra

 Castilla La Mancha   4 personas   Fácil

1. La noche anterior a la elaboración del plato se pone el bacalao en remojo.

2. Se cuece el bacalao durante unos minutos en una cazuela con agua hirviendo. Se escurre y se reserva un poco del caldo de la cocción.

3. En otra olla, se cuecen las patatas. Cuando estén tiernas, se escurren y se hace un puré.

4. Se machacan bien los ajos en el mortero y se añade el puré de patatas y el bacalao desmigado, y se mezcla todo bien.

5. Sin dejar de remover, se va añadiendo aceite hasta que queden todos los ingredientes bien ligados; si en algún momento se espesa demasiado, se puede aclarar con el caldo de la cocción reservado.

6. Este plato se sirve adornado con trozos de huevo cocido y se aliña con un poco de aceite de oliva.

Cocina regional española

Boroñu preñau

Para la masa:
1 kg de harina de maíz
1 cucharada de harina de trigo
1 l de agua templada
1 cucharada de sal gorda

Para el relleno:
4 chorizos tiernos
150 g de costillas de cerdo
100 g de panceta

 P. de Asturias   4 personas   Media

1. Para preparar la masa, se mezclan las harinas en un recipiente. Aparte, se disuelve la sal en el agua y se incorpora a la harina lentamente, mientras se amasa. Cuando la pasta haya adquirido la consistencia adecuada, se traslada a un recipiente para el horno, reservando un tercio de la misma para tapar el relleno.

2. Se acomoda la masa en el recipiente, dejando un hueco en el centro para el relleno.

3. Después de freír la panceta y las costillas troceadas, se procede a rellenar el *boroñu* añadiendo también los chorizos. Se cubre con la masa sobrante y se deja reposar unas 12 horas.

4. Se introduce en el horno a 180 °C; transcurrida 1 hora se pincha con un cuchillo; si sale limpio, se da por finalizada la cocción.

Cocina regional española

Caldo gallego

3 litros de agua
1 hueso de lacón
1 hueso de rodilla de ternera
3 chorizos gallegos
100 g de judías blancas
25 g de unto (o tocino)
1 manojo de grelos (o media berza)
500 g de patatas
sal

 Galicia   6 personas   Fácil

1. Se ponen a cocer la manteca y los huesos durante 1 hora en una olla con agua.

2. En otra olla, se ponen las alubias previamente remojadas en agua durante unas horas, se cubren con agua fría y, cuando rompa a hervir, se tira esta agua, se cubren de nuevo con agua fría y se prosigue la cocción durante 20 minutos.

3. Se incorporan las judías con su caldo de cocción a la olla que contiene los huesos, se añaden los chorizos y se deja cocer todo junto unos 60 o 90 minutos, dependiendo del tipo de judía que se emplee.

4. Transcurrido este tiempo, se incorporan las patatas cortadas en dados, se continúa la cocción durante 15 minutos más y se añaden los grelos, bien limpios y cortados en trozos. Se rectifica la sal y se deja cocer durante otros 20 minutos.

Caldo guanche

500 g de patatas
100 g de cebollas
200 g de tomates
50 g de manteca de cerdo
2 calabacines
1,5 l de agua
sal

 Canarias   4 personas   Fácil

1. Se lleva el agua a ebullición y, cuando rompa a hervir, se incorporan las patatas y los calabacines pelados y cortados en trozos. Se sazona y se deja cocer a fuego medio durante 1 hora.

2. Mientras, se elabora un sofrito con la manteca de cerdo y las cebollas y tomates cortados.

3. Cuando el caldo con las hortalizas esté a punto, se incorpora el sofrito y se remueve bien para que se amalgamen los ingredientes.

4. Esta sopa se sirve muy caliente.

Cocina regional española

Caracoles a la madrileña

4 docenas de caracoles
2 cebollas
100 g de chorizo
100 g de jamón
100 g de puré de tomate
3 dientes de ajo
caldo de carne
guindilla
comino
pimentón dulce
aceite de oliva virgen extra
sal

 C. de Madrid   4 personas   Media

1. Una vez purgados y limpios, los caracoles se disponen en una olla con abundante agua fría, 1 cebolla troceada, 1 diente de ajo y un poco de sal. Se llevan a ebullición y se dejan cocer a fuego muy lento durante 3 horas.

2. Mientras, se sofríe la otra cebolla picada en una sartén y, cuando comience a tomar color, se añade el jamón cortado en daditos y el chorizo en rodajas, el tomate pelado y triturado, 1 cucharadita de pimentón y la guindilla. Se deja reducir a fuego lento.

3. Se incorporan los caracoles bien escurridos a la sartén, se añade un poco de caldo de carne y se dejan cocer durante unos minutos.

4. Cuando la salsa se haya reducido un poco, se agrega un majado elaborado con el resto de ajos y unos granos de comino. Transcurridos unos minutos se sirve muy caliente.

Cardo guisado con almendras

1 cardo mediano
50 g de harina
30 g de almendras molidas
125 ml de leche
1 huevo
agua
aceite de oliva virgen extra
sal

 Castilla y León   6 personas   Fácil

1. Para limpiar el cardo, se cortan los tallos y se le quitan los hilos, se elimina la parte dura del centro del tronco y se corta todo en trozos pequeños.

2. En una olla se pone agua abundante, sal y la mitad de la harina. Se lleva a ebullición y, cuando empiece a hervir, se incorpora el cardo y se deja cocer hasta que esté tierno. Finalizada la cocción se escurre y se reserva, junto con un poco de caldo.

3. Se hace un sofrito en una sartén con aceite y el resto de la harina.

4. Se mezclan en un cuenco las almendras molidas, la leche y el huevo; se reserva.

5. Se dispone en una cazuela el cardo con el caldo reservado, la mezcla de almendras y el sofrito y se deja cocer todo junto durante 15 minutos.

6. Este plato se sirve bien caliente.

Cocina regional española

Cocido lebaniego

500 g de carne de morcillo
200 g de cecina
200 g de tocino entreverado
150 g de jamón curado
100 g de chorizo
1 hueso de rodilla, 1 hueso de jamón
250 g de garbanzos
500 g de patatas
fideos finos
1 col
2 huevos
migas de pan
perejil, ajo
sal, pimienta
aceite de oliva virgen extra

 Cantabria   6 personas   Media

1. Se ponen las carnes y los huesos en una olla con agua fría y se lleva a ebullición. Cuando rompa a hervir, se incorporan los garbanzos, que habrán estado en remojo 12 horas. Se deja cocer a fuego lento hasta que la carne esté blanda.

2. Cuando falten unos 20 minutos para acabar la cocción, se añaden las patatas y la col bien limpias y troceadas. Una vez finalizada la cocción se cuela el caldo, se rectifica la sal y se reserva en una olla para hacer la sopa.

3. Se mezclan los huevos con el ajo y el perejil picados en un cuenco y se añade una porción de todas las carnes finamente picadas, se agrega un poco de migas de pan remojadas en leche, se mezcla bien y se hacen unos rollitos. Se fríen en una sartén con el aceite muy caliente. Cuando estén bien dorados, se añade un poco del caldo reservado y se acaban de cocer. El resto del caldo se lleva a ebullición y se cuecen los fideos.

4. En una bandeja se dispone la carne, los rollitos y las verduras; se sirven después de la sopa.

Cocido maragato

1/4 de gallina
menudillos de gallina
200 g de cecina, 200 g de lacón
200 g de morcillo, 50 g de tocino
50 g de jamón serrano
2 chorizos, 1 oreja de cerdo
3 patatas, 1 puerro
250 g de garbanzos
1 col pequeña, 2 zanahorias
2 dientes de ajo, 3 huevos
pan rallado, sal
aceite de oliva virgen extra

 Castilla y León   6 personas   Media

1. La noche anterior a la elaboración del guiso se ponen en remojo los garbanzos y, aparte, las carnes saladas.

2. En una olla se pone el morcillo, el lacón, el tocino, la oreja, la cecina y los chorizos, de los que se habrá reservado una pequeña parte para el relleno. Se cubre todo con unos 3 litros de agua. Se deja que dé un hervor, se espuma y se incorpora la gallina, los garbanzos y el puerro y las zanahorias bien limpios y cortados. Se agrega un pellizco de sal y un poco de aceite y se deja cocer hasta que la carne esté blanda.

3. Después de limpiar y trocear la col, se lleva a ebullición en una olla con agua. Transcurridos unos 10 minutos se agregan las patatas, peladas y enteras, y se deja cocer hasta que estén tiernas.

4. Para preparar el relleno, se baten los huevos en un cuenco, se agregan los menudillos de gallina, el jamón y el chorizo reservado bien trinchados y los ajos picados. Se amasa bien con el pan rallado y se forman unas pelotas más o menos del tamaño de una croqueta. Una vez hechas se agregan al caldo de la carne para que se cuezan. Finalizada la cocción, se cuela el caldo, con el que se hace una sopa de fideos o de arroz.

5. Se presentan las carnes separadas de las verduras y, finalmente, se toma la sopa.

COCINA REGIONAL ESPAÑOLA

Cocido vasco

500 g de carne de vaca
200 g de jamón
1/2 gallina
2 chorizos
1 hueso salado de cerdo
1 col
250 g de garbanzos
250 g de judías rojas
2 pimientos
1 cebolla
aceite de oliva virgen extra
sal

 País Vasco   6 personas   Fácil

1. Para elaborar este cocido se necesitan tres ollas. En una se ponen a cocer las judías, el hueso de cerdo y la cebolla picada. Se deja cocer a fuego lento.

2. En otra olla con agua se pone la carne, el jamón, la gallina y los garbanzos, previamente remojados desde la noche anterior. Cuando arranque el hervor, se espuma y se deja que prosiga la cocción a fuego muy lento.

3. En la tercera olla se cuece la col, lavada y picada, junto con los chorizos.

4. Finalizada la cocción de las tres ollas, se procede a elaborar una sopa de pan o pasta. Para ello se mezclan, en partes iguales, el caldo de la col y de las carnes, y una pequeña parte del caldo de las judías.

5. Después de tomar la sopa, se sirven en fuentes separadas los garbanzos, la col y las judías. Por último, se presentan las carnes, en trozos y mezcladas con una fritura de pimientos.

Empanada de lomo

Para la masa:
150 g de harina de maíz
250 g de harina de trigo
150 g de manteca de cerdo
1 huevo, sal
100 ml de agua

Para el relleno:
500 g de lomo
50 g de manteca
1 cebolla grande, 1 huevo
200 ml de vino blanco
2 dientes de ajo
tomillo, orégano
pimentón, sal

 Galicia   6 personas   Media

1. Se trocea la carne de cerdo en una olla y se agrega la mitad del vino, 1 cucharada de pimentón, 1 cucharadita de orégano y una pizca de tomillo. Se mezclan todos los ingredientes; se deja en adobo durante 24 horas.

2. Se fríe la carne junto con la cebolla picada en 50 g de manteca; cuando se empiece a dorar, se incorpora el resto del vino y se deja cocer hasta reducir la salsa. Mientras, en la mesa de trabajo se mezclan las dos harinas formando un volcán, en cuyo interior se dispone 1 huevo, el resto de la manteca, un poco de sal y 150 ml de agua. Se amasa todo y, cuando la pasta adquiera la consistencia deseada, se estira con el rodillo hasta que tenga 1 cm de grosor. Se cortan dos discos, uno de unos 22 cm de diámetro y otro, 1 cm mayor.

4. Se pone una hoja de papel de barba sobre una bandeja para el horno; se coloca el disco de pasta de mayor tamaño. Se cubre con el relleno y se tapa con el otro disco. Se mojan los bordes con un poco de agua y se sellan presionando con los dedos. Para que la empanada quede dorada, se pinta la superficie con huevo batido. Se hornea durante unos 25 minutos, hasta que esté dorada.

Ensalada de pimientos y tomate

4 pimientos rojos
750 g de tomates maduros
4 dientes de ajo
pimienta molida
pimentón dulce
pimentón picante
aceite de oliva virgen extra
sal

 C. de Ceuta y C. de Melilla   4 personas   Fácil

1. Después de limpiar los pimientos, se secan con un paño de cocina, se untan con aceite, se ponen en una bandeja y se asan en el horno. Cuando la piel se haya ennegrecido, se retiran del horno, se envuelven con un paño de cocina y se dejan enfriar. A continuación, se elimina la piel y se cortan en tiras.

2. Se rehogan los tomates limpios de piel y semillas, junto con los ajos cortados en láminas, en una sartén con un poco de aceite. A media cocción, se añaden los pimientos, se tapa la sartén y se mantiene en el fuego durante unos 30 minutos removiendo con frecuencia.

3. Transcurrido este tiempo se añade una pizca de pimienta, una cucharada de pimentón dulce y otra de pimentón picante, y se remueve bien mientras se reduce un poco la salsa.

4. Esta ensalada se sirve fría.

Espencat

4 pimientos rojos grandes
4 berenjenas grandes
200 g de bacalao seco
1 cucharada de piñones
2 huevos
aceite de oliva virgen extra
sal

 C. Valenciana   4 personas   Fácil

1. Una vez lavados y secos los pimientos y las berenjenas, se untan con aceite, se disponen en una bandeja de horno y se asan hasta que la piel se tueste.

2. A continuación, se retiran del horno, se envuelven en un paño de cocina y se dejan enfriar. Una vez fríos, se pelan con cuidado y se cortan en tiras finas.

3. En un cazo con agua y sal se hierven los huevos durante 12 minutos.

4. Se desmiga el bacalao y se pone en un recipiente con agua fría durante 5 minutos. Transcurrido este plazo, se lava bajo el grifo y se escurre bien.

5. Se disponen las tiras de pimiento y berenjena en una fuente; sobre ellas se distribuyen las migas de bacalao y, finalmente, se rallan por encima los huevos duros, se esparcen los piñones y se aliña con abundante aceite de oliva.

Cocina regional española

Espinacas a la sevillana

800 g de espinacas
400 g de garbanzos cocidos
4 tomates maduros
12 dientes de ajo
1 rebanada de pan
1 guindilla pequeña
1 cucharada de pimentón dulce
cilantro, comino
jengibre, 2 clavos
3 granos de pimienta negra
vinagre
aceite de oliva virgen extra

 Andalucía   6 personas   Fácil

1. Se hierven las espinacas y se ponen a escurrir.

2. Se fríen los ajos cortados en láminas en una cazuela con abundante aceite; una vez dorados, se retiran y se pasan a un mortero. Aprovechando el mismo aceite, se fríen los tomates pelados y cortados.

3. Mientras, en el mortero se majan los ajos, 1/2 cucharada de cilantro, una pizca de comino y otra de jengibre, los clavos y la pimienta negra; se añade el pan frito rociado con una gotas de vinagre y se sigue majando hasta conseguir una pasta homogénea.

4. Cuando el tomate esté a punto, se añade el majado y la guindilla, y se remueve todo durante 1 minuto aproximadamente. Seguidamente, se baja el fuego al mínimo, se añade el pimentón dulce, se da una vuelta rápida al sofrito y se agregan las espinacas escurridas.

5. Tras remover durante 2 o 3 minutos, se añaden los garbanzos y se cubre con el agua que han escurrido las espinacas, si es necesario se puede agregar más agua. Se rectifica la sal y se deja hervir durante 20 o 25 minutos.

6. Este plato se sirve acompañado de tiras de pan frito.

Gazpacho extremeño

2 dientes de ajo
1 cebolla
2 tomates maduros
100 g de migas de pan
250 ml de aceite de oliva virgen extra
750 ml de agua
vinagre
pimienta
sal

 Extremadura   4 personas   Media

1. Se majan los ajos con un poco de sal en un mortero grande; se añade el aceite muy lentamente montando un ajiaceite.

2. Cuando la mezcla alcance un punto consistente, se le añaden las migas de pan, previamente remojadas en agua y bien escurridas, y se continúa removiendo hasta obtener una pasta.

3. Llegado este punto, se aclara con el agua fría, que se incorpora también lentamente.

4. Se salpimienta, se dispone en un cuenco donde se le añade un poco más de migas de pan y se deja en reposo durante 10 minutos.

5. En el momento de servir, se agrega el tomate pelado y cortado en trozos pequeños, la cebolla bien picada y vinagre al gusto.

Habas a la catalana

1 y 1/4 kg de habas desgranadas
200 g de tocino entreverado
300 g de butifarra negra
50 g de manteca de cerdo
2 cebollas
2 dientes de ajo
4 tomates maduros
1 rama de menta fresca
1 copita de aguardiente
pimienta
sal

 Cataluña   4 personas   Fácil

1. Se funde la manteca en una olla y se pone a dorar el tocino previamente cortado. Cuando haya tomado color, se añaden las cebollas y los ajos finamente cortados.

2. Una vez dorados el ajo y la cebolla, se añaden los tomates pelados y trinchados.

3. Se incorporan las habas, la ramita de menta entera, la butifarra negra en un solo trozo y una copita de aguardiente; se cubre todo con agua.

4. A continuación, se tapa la cazuela con papel de barba y se deja cocer lentamente. Se debe vigilar la cocción para retirar la butifarra antes de que se deshaga.

5. Cuando las habas estén casi cocidas, se prueba y se rectifica la sal y pimienta.

6. Este plato se sirve con la butifarra en rodajas dispuesta sobre las habas.

Huevos carlistas

11 huevos
200 g de pan blanco rallado
salsa bechamel
aceite de oliva virgen extra
1 limón
perejil

Para la salsa bechamel:
50 g mantequilla
100 g de harina
1 l de leche
nuez moscada
pimienta molida
sal

 C. F. de Navarra   4 personas   Difícil

1. Para elaborar la bechamel, se rehoga la harina con la mantequilla en un recipiente al fuego y se agrega poco a poco la leche caliente, se mezcla bien y se sazona con sal, nuez moscada y pimienta molida. Se remueve continuamente hasta conseguir una pasta bien espesa; al retirarla del fuego, se le añaden 2 yemas de huevo desleídas con el zumo de 1 limón. Se reservan las claras.

2. Se fríen 8 huevos en una sartén con aceite y manteca.

3. Una vez fríos, los huevos se rebozan con la salsa bechamel. Para ello, se distribuyen 8 cucharadas de salsa sobre la superficie de trabajo untada con un poco de aceite, sobre cada porción de salsa se coloca un huevo y se cubren uno a uno con el resto de bechamel. Se dejan enfriar completamente.

4. A continuación, se rebozan los huevos con pan rallado, un batido preparado con un huevo entero y las claras reservadas y de nuevo con pan rallado.

5. Unos minutos antes de servirlos, se fríen en abundante aceite hasta que queden bien dorados.

Cocina regional española

Judías al tío Lucas

800 g de judías blancas
200 g de tocino
1 cebolla mediana
1 cabeza de ajos
100 ml de aceite de oliva virgen extra
1 hoja de laurel
1 cucharadita de pimentón
comino en grano
1 ramita de perejil
sal

 C. de Madrid   6 personas   Fácil

1. Se corta el tocino en trocitos y se rehoga en una olla con aceite. Cuando empiece a tomar color, se agregan las judías bien escurridas, que habrán estado en remojo durante 12 horas, la cebolla y la cabeza de ajos entera, el laurel, el pimentón, el perejil trinchado y una pizca de comino majado.

2. Se cubre todo con abundante agua y se cuece a fuego lento hasta que las judías estén tiernas. A media cocción, se rectifica la sal.

3. Este cocido se sirve muy caldoso.

Cocina regional española

Judías rojas de Sangüesa

600 g de judías rojas
200 g de tocino fresco entreverado
1 chorizo
1 tomate maduro
1 cebolla mediana
1 cabeza de ajos
pimentón dulce
1 repollo pequeño
1 morcilla
harina
aceite de oliva virgen extra
sal

 C. F. de Navarra   4 personas   Fácil

1. En una cazuela con agua fría, se ponen las judías, que habrán estado en remojo durante la noche anterior, el tomate pelado y troceado, la cabeza de ajos, media cebolla picada, el tocino y el chorizo.

2. Se cuece a fuego lento durante 1 hora. A media cocción, se retira una cucharada de judías, se aplastan y se incorporan de nuevo para espesar el caldo.

3. Aparte, se sofríe la cebolla restante en una sartén con aceite, un poco de harina y una pizca de pimentón. Cuando el sofrito haya tomado color, se le añade una taza del agua de las judías, se deja hervir unos instantes y se agrega a la cazuela.

4. En otra olla con agua y sal se cuece el repollo troceado. Cuando esté tierno, se agrega la morcilla y, transcurridos 5 minutos, se retira todo del fuego y se escurre.

5. Se dora ligeramente la morcilla en una sartén y se reserva. Se agrega un poco más de aceite y un ajo picado y se rehoga el repollo.

6. Se sirven las judías en platos hondos y, en una bandeja, se presenta la morcilla cortada en rodajas y el repollo.

Lacón con grelos

1 kg de lacón salado
400 g de chorizos gallegos
1 kg de grelos
4 patatas
sal

 Galicia   4 personas   Media

1. Se pone a desalar el lacón en agua fría 24 horas antes de la preparación del plato, renovando el agua cada 8 horas.

2. En una olla con unos 3 litros de agua, se pone a cocer el lacón a fuego lento. Transcurridos 30 minutos, se añade una pizca de sal y se prosigue la cocción durante otros 30 minutos.

3. Mientras, se cuecen durante 5 minutos los grelos, previamente lavados y cortados, en otra olla con agua y sal.

4. Una vez cocido el lacón, se añaden los grelos y los chorizos y, cuando falten 20 minutos para finalizar su cocción, se añaden las patatas peladas y troceadas.

5. Antes de servir se deja reposar unos 10 minutos.

Cocina regional española

Lombarda a la madrileña

1 kg de col lombarda
100 g de tocino entreverado
3 manzanas reineta
3 cucharadas de manteca de cerdo
1 cebolla
125 ml de vinagre
125 ml de agua
15 g de azúcar
pimienta
sal

 C. de Madrid   4 personas   Fácil

1. Se limpia la col y se pela la cebolla; se cortan en rodajas finas. El tocino se corta en dados y, tras pelar y despepitar las manzanas, se cortan también en dados.

2. En una cazuela untada con un poco de manteca se dispone una capa de col lombarda; se distribuyen unas láminas de cebolla, un poco de manteca y unos dados de manzana y tocino, se salpimienta y se espolvorea con un poco de azúcar. Se repite la operación formando nuevas capas hasta agotar todos los ingredientes.

3. Se agrega el agua, previamente calentada, a la cazuela y se deja cocer a fuego lento durante 45 minutos.

4. Transcurrido ese tiempo, se añade el vinagre, se rectifica la sal y se prosigue la cocción durante otros 15 minutos.

Migas aragonesas

1 kg de pan seco
2 cebollas
200 g de manteca
1 longaniza
aceite de oliva virgen extra
500 g de uva negra
sal

 Aragón   4 personas   Fácil

1. Después de cortar el pan en rebanadas finas, se acomodan sobre un paño húmedo, se salpican ligeramente con agua y se espolvorean con un poco de sal. Se dejan reposar durante unas horas tapadas con el mismo paño, hasta que todo el pan esté bien empapado.

2. Se rehoga la cebolla en una sartén con un poco de aceite y la manteca. Cuando la cebolla haya tomado color, se agrega la longaniza cortada en trozos pequeños; cuando todo esté bien sofrito, se añaden las migas y se cuecen removiendo constantemente hasta que queden sueltas y doradas.

3. Para acompañar este plato se dispone una fuente con uvas negras.

Migas de pastor

1 barra de pan seco
6 dientes de ajo
1 loncha de jamón gruesa
250 g de manteca de cerdo
leche
sal

 La Rioja   4 personas   Fácil

1. Se separa la corteza del pan y se corta la miga en dados pequeños. Seguidamente, se ponen en remojo en un cuenco con leche durante unos 15 minutos. Transcurrido este tiempo, se escurre bien el pan procurando no aplastarlo.

2. Mientras, en una sartén de base ancha se derrite la manteca y se sofríen los ajos. Cuando estén dorados, se retiran y, en la misma grasa, se fríe ligeramente el jamón que se habrá cortado en trozos pequeños.

3. Se agregan las migas de pan, se sazonan, y se remueven hasta que queden bien doradas y esponjosas.

Olla gitana

400 g de garbanzos cocidos
300 g de calabaza
250 g de judías verdes
2 pimientos verdes
2 tomates maduros
2 cebollas
2 peras
pimentón dulce
aceite de oliva virgen extra
sal

 R. de Murcia   4 personas   Fácil

1. Se rehogan las cebollas cortadas en láminas y los pimientos en rodajas en una sartén con un poco de aceite. Cuando estén tiernos, se añade un pizca de pimentón, se remueve y se aparta del fuego.

2. A continuación, se lleva a ebullición 1 litro de agua y, cuando rompa a hervir, se incorporan al sofrito las judías verdes y la calabaza cortada en dados. Se deja cocer durante unos 20 minutos.

3. Transcurrido este tiempo se añaden los tomates, previamente fritos, los garbanzos y las peras enteras y lavadas. Se deja cocer todo junto durante otros 20 minutos.

4. En el momento de servir se parten las peras en mitades.

Olla podrida

350 g de carne de morcillo
150 g de pierna de cordero
100 g de morcilla
100 g de jamón
50 g de tocino fresco
1/4 gallina, 1/4 pato
1/2 perdiz
1 higadillo
1 molleja de ave
2 puerros, 1 nabo
3 zanahorias, 1 cebolla
2 tallos de apio
100 g de garbanzos
1 trozo de repollo
50 g de pan
sal, azafrán, clavo

 Castilla La Mancha   4 personas   Media

1. En una olla grande se disponen todas las carnes. Se agregan también los puerros bien limpios y cortados en cuartos, las zanahorias limpias y troceadas, el nabo pelado y cortado, el apio troceado y sin hebras, la cebolla pinchada con el clavo de especia y un poco de azafrán. Se cubre todo con agua en abundancia y se lleva a ebullición. Se espuma regularmente y, cuando empiece a hervir, se rectifica la sal y se añaden los garbanzos, que habrán estado en remojo durante 12 horas.

3. Mientras, se hierve ligeramente el repollo en otra cazuela aparte; se escurre y se añade a la olla con el resto de ingredientes.

4. Cuando las carnes estén tiernas y los garbanzos cocidos, se separa caldo suficiente para elaborar una sopa que se sirve con rebanadas de pan tostado.

5. Se sirve la sopa en cazuelitas individuales, y las carnes y las verduras se presentan en una bandeja aparte. Se puede acompañar también con un puré de lentejas y un puré de arroz.

Olla valenciana

250 g de aleta de ternera
250 g de morcillo
1 hueso de ternera
1 hueso de jamón
100 g de tocino fresco
200 g de chorizo
250 g de gallina
2 morcillas de cebolla
250 g de garbanzos
200 g de judías verdes
100 g de zanahorias
1 nabo
1 chirivía
100 g de col
4 patatas medianas
azafrán y sal

 C. Valenciana   6 personas   Media

1. En una olla al fuego con agua suficiente se incorporan la carnes de ternera, la gallina, el chorizo, el tocino y los huesos.

2. Cuando rompa a hervir, se añaden los garbanzos (que se habrán puesto en remojo la noche anterior) y las zanahorias, el nabo y la chirivía bien raspados. Se espuma regularmente y transcurridos 90 minutos se agregan las patatas peladas, la col, las judías con las puntas cortadas y sin hebras, y las morcillas.

3. Se sazona con sal y un pellizco de azafrán, y se prosigue la cocción durante 45 minutos. Finalizada esta, se reserva el caldo y se sirven las verduras y las carnes por separado. Con el caldo puede prepararse una sopa de arroz.

Patatas a la riojana

1,5 kg de patatas
200 g de chorizo para guisar
1 cebolla
2 dientes de ajo
guindilla
pimentón
aceite de oliva virgen extra
sal

 La Rioja   4 personas   Fácil

1. Se pica finamente la cebolla y los dientes de ajo y el pimiento verde se corta en dados. Se fríe todo en una cazuela con un poco de aceite hasta que la cebolla esté transparente.

2. Antes de que la cebolla empiece a tomar color, se agrega el chorizo cortado en rodajas y las patatas partidas en trozos irregulares. Se rehoga todo durante unos minutos, se agrega un trozo de guindilla, una cucharada colmada de pimentón y se cubre con agua.

3. Cuando rompa a hervir, se rectifica la sal y se deja cocer a fuego lento hasta que las patatas estén tiernas.

COCINA REGIONAL ESPAÑOLA

Pinchos de cordero

600 g de carne de cordero
1 cebolla
2 tallos de cilantro
especias morunas
100 ml de aceite de oliva virgen extra
sal

 C. de Ceuta y C. de Melilla   personas   Fácil

1. Las mezcla denominada «especias morunas» suele encontrarse en tiendas especializadas. También puede preparase en casa de la siguiente forma: se mezcla una pizca de azafrán, 1 cucharadita de pimentón dulce, otra de comino molido y media cucharadita de pimienta molida.

2. Para preparar el adobo se pica finamente la cebolla y el cilantro; se agregan las especias y el aceite y se mezcla todo bien.

3. Se corta la carne en trozos pequeños, se sala y se mezcla con el adobo dejándola reposar 1 hora como mínimo.

4. Transcurrido este tiempo, se ensarta la carne en los pinchos y se hacen en la barbacoa.

Piparrada

6 huevos
2 pimientos rojos
1 pimiento verde
1 cebolla
4 lonchas de jamón
perejil
pimienta
aceite de oliva virgen extra
sal

 País Vasco   4 personas   Media

1. Se fríe la cebolla picada en una sartén con un poco de aceite; cuando empiece a dorarse, se agregan los pimientos limpios y cortados en tiras. Se tapa la sartén y se deja cocer a fuego lento.

2. Se fríe el jamón en otra sartén y se reserva. La grasa sobrante se agrega al frito de pimientos.

3. Cuando las verduras estén tiernas, se cuajan los huevos bien batidos, removiendo constantemente para que queden cremosos.

4. Para servir, se disponen las lonchas de jamón en los platos y se cubren con el revoltillo.

5. Este plato se sirve muy caliente.

Porrusalda

200 g de bacalao desalado
300 g de patatas
4 puerros
2 zanahorias
2 dientes de ajo
150 ml de aceite de oliva virgen extra
sal
pimienta

 País Vasco 4 personas Media

1. Se cuece el bacalao durante 5 minutos en un cazo con medio litro de agua y se reserva.

2. Se fríen los ajos en una olla con un poco de aceite hasta que estén dorados; también se reservan.

3. En el mismo aceite, se rehogan los puerros cortados en rodajas, las patatas finamente cortadas y las zanahorias. Antes de que tomen color se agrega el bacalao desmigado, un poco de pimienta, el agua de la cocción del bacalao y otro medio litro de agua caliente.

4. Se majan los ajos en un mortero, se añaden unas cucharadas del caldo de la olla y se incorpora a la porrusalda.

5. La cocción debe continuar a fuego lento durante media hora. Cuando las patatas empiecen a deshacerse, el plato estará listo.

Pote asturiano

350 g de carne de cerdo
250 g de lacón
100 g de tocino
2 morcillas
2 chorizos
1 berza pequeña
500 g de patatas
300 g de judías blancas (fabas)
1 diente de ajo
pimentón
aceite de oliva virgen extra
sal

 P. de Asturias   4 personas   Fácil

1. Se pone a hervir el lacón, las fabas, que habrán estado en remojo la noche anterior, los chorizos, las morcillas y el tocino en una olla con agua fría.

2. En otra olla se pone a hervir la berza bien trinchada y, pasados unos minutos, se retira del fuego y se escurre.

3. Cuando la olla con las carnes lleve 1 hora de cocción, se agrega la berza, se remueve bien y se deja cocer a fuego lento durante otra hora.

4. Transcurrido este tiempo se agregan las patatas troceadas, se prosigue la cocción a fuego lento durante media hora más. Si se quiere espesar el guiso, se retiran unas fabas, se machacan y se incorporan de nuevo a la olla.

5. Antes de finalizar la cocción se comprueba la sal; se hace un sofrito con aceite, el ajo machacado y una pizca de pimentón y se agrega al guiso.

6. Una vez terminada la cocción, se deja reposar unos 15 minutos antes de servir.

Puchero

1 kg de carne de cerdo
1 kg de patatas
1 kg de col
250 g de garbanzos
2 mazorcas de maíz
1 trozo de calabaza
3 dientes de ajo
2 tomates
2 cebollas
laurel
orégano
tomillo
sal

 Canarias   4 personas   Fácil

1. En una olla con agua, se ponen las cebollas cortadas, un poco de tomillo, media cucharada de orégano, una hoja de laurel y los tomates y los dientes de ajo enteros.

2. Antes de que llegue a hervir se agrega la sal, los garbanzos y la carne troceada. Se deja cocer durante unos 15 minutos.

3. Mientras, en otra olla se hierve la col. Cuando esté lista, se incorpora al puchero con las patatas cortadas, las mazorcas y la calabaza con cáscara.

4. Cuando la carne y las verduras estén tiernas, se retira la calabaza y, con la pulpa, se hace un puré que se añade a la olla. Se deja reposar hasta el momento de servir.

Repápalos

6 huevos
1 cebolla
2 dientes de ajo
migas de pan
2 hojas de laurel
perejil
pimienta
aceite de oliva virgen extra
sal

 Extremadura   4 personas   Media

1. Se prepara una masa espesa con los huevos batidos, las migas de pan desmenuzadas, un pellizco de sal y un diente de ajo y un poco de perejil bien picados.

2. Con la ayuda de una cuchara se hacen bolas con la masa; se fríen en una sartén con abundante aceite y se reservan en una cazuela.

3. Se retira un poco de aceite de la sartén y se fríe la cebolla, el otro ajo y el resto del perejil muy picados y el laurel. Cuando esté todo bien dorado, se añade agua suficiente para obtener una salsa con la que se puedan cubrir los repápalos.

4. Cuando comience la ebullición, se vierte la salsa en la cazuela y se deja cocer durante unos 15 minutos.

5. Antes de finalizar la cocción, se rectifica la sal y la pimienta.

COCINA REGIONAL ESPAÑOLA

Revuelto de setas

8 huevos
500 g de setas variadas
jamón serrano
4 dientes de ajo
perejil
aceite de oliva virgen extra

 C. F. de Navarra   4 personas   Media

1. Se pican los ajos finamente y se fríen en una sartén con un poco de aceite. Cuando comience a dorarse, se agregan las setas, el jamón cortado en trozos y el perejil picado, y se deja que se haga durante unos minutos.

2. Una vez que las setas están hechas, se añaden los huevos batidos y se remueve con un tenedor hasta que cuajen.

3. La cocción no debe ser excesiva para evitar que el revuelto se seque.

Cocina regional española

Salmorejo

1 kg de pan (sin corteza)
1 kg de tomates maduros
1 diente de ajo
1 yema de huevo duro
3 pimientos rojos
125 ml de aceite de oliva virgen extra
vinagre de Jerez
sal

Para la guarnición:
3 claras de huevo duro
pimiento rojo
pan frito

 Andalucía   4 personas   Media

1. Se trocea el pan, preferiblemente seco, y se pone en un recipiente ancho y hondo en el que quepan todos los ingredientes.

2. Aparte, se rallan los tomates; el puré obtenido se vierte sobre el pan, y se remueve hasta conseguir una pasta espesa.

3. A continuación, se añade el pimiento troceado, el ajo trinchado, una yema de huevo duro desmenuzada, el aceite y unas gotas de vinagre.

4. Se remueven bien todos los ingredientes con una cuchara de madera hasta obtener una pasta ligada. Si la pasta resultase clara o espesa en exceso puede rectificarse añadiendo pan o tomate respectivamente.

5. La pasta se pasa por la batidora y después por el colador chino. Se sigue removiendo con la cuchara de madera, se prueba y se rectifica el aceite hasta conseguir la textura y el sabor deseados.

6. En el momento de servir se acompaña con trocitos de clara de huevo duro, pimiento rojo y pan frito. Esta guarnición se puede ampliar con taquitos de jamón serrano, trocitos de atún o carne de conejo desmenuzada.

Cocina regional española

Sopa de ajo castellana

150 g de pan
4 dientes de ajo
2 huevos
1 l de agua
1 cucharadita de pimentón
aceite de oliva virgen extra
sal

 Castilla y León   4 personas   Fácil

1. Se pone a calentar el agua con sal en una olla.

2. Mientras, en un mortero se machacan los ajos con el pimentón y un poco de aceite y se incorpora a la olla.

3. Cuando el agua rompa a hervir, se añade el pan cortado en finas rebanadas y los huevos batidos. Se retira del fuego y se deja reposar unos minutos.

Sopa de col a la mallorquina

200 g de pan integral
1 col pequeña
2 tomates
2 cebollas tiernas
agua
aceite de oliva virgen extra
sal

 Islas Baleares   4 personas   Fácil

1. Se fríen las cebollas y los tomates cortados en trozos en una olla de base ancha. Cuando tomen color, se añade la col finamente cortada y un poco de agua. Se deja cocer hasta que la verdura esté bien tierna.

2. A continuación, se agrega un pellizco de sal y el agua necesaria para completar la sopa.

3. Cuando rompa a hervir, se aparta un momento la col con la espumadera para que el pan, que se agrega en ese momento cortado en rebanada finas, se deposite en el fondo de la olla.

4. Tras 10 minutos de cocción se retira la olla del fuego, se añade un chorro de aceite y se deja reposar unos minutos para que el pan absorba bien el caldo.

Tortilla de verduras

700 g de patatas
200 g de zanahorias
150 g de guisantes
6 huevos
nuez moscada
pimienta
sal

 C. de Ceuta y C. de Melilla   4 personas   Media

1. Se cuecen por separado las patatas peladas, las zanahorias limpias y troceadas, y los guisantes desgranados.

2. Se machacan las patatas, se salpimientan y se añade una pizca de nuez moscada y los huevos batidos.

3. Cuando esté todo bien mezclado, se agregan las verduras, se mezcla de nuevo y se incorpora en un molde rectangular de horno. Se hornea durante 40 minutos a 180 °C.

4. Transcurrido este tiempo, se retira del horno y, una vez frío, se desmolda y se sirve cortado en rodajas.

Tumbet

1 kg de patatas
3 calabacines
3 berenjenas
3 pimientos
500 g de tomates maduros
aceite de oliva virgen extra
2 dientes de ajo
1 hoja de laurel
sal

 Islas Baleares   4 personas   Fácil

1. Se cortan las berenjenas en rodajas, se sazonan con sal y se dejan escurrir para que no queden amargas.

2. Una vez peladas, las patatas se cortan en rodajas finas, se fríen en abundante aceite y, cuando estén doradas, se ponen en una bandeja.

3. Se pelan parcialmente los calabacines en sentido longitudinal creando bandas alternas. Se cortan en rodajas, se fríen y se colocan sobre las patatas.

4. A continuación, se lavan bien las berenjenas, se secan con un paño limpio, se fríen y, cuando estén doradas, se ponen sobre los calabacines.

5. La última capa de verduras estará formada por los pimientos cortados en rodajas y fritos.

6. Para cubrir las verduras se elabora una salsa con los tomates, los ajos trinchados y el laurel.

Xató

1 escarola grande
300 g de tomates maduros
400 g de bacalao salado
125 g de atún salado
4 anchoas saladas
olivas arbequinas
salsa para xató

Para elaborar la salsa:
1 cabeza de ajos
2 ñoras, 1 guindilla
12 almendras tostadas
12 avellanas tostadas
1 rebanada de pan seco
aceite de oliva virgen extra
vinagre, sal

 Cataluña   4 personas   Media

1. Se pone a desalar el bacalao y el atún mientras se limpian las anchoas.

2. Se disponen la escarola y los tomates limpios y troceados en una ensaladera.

3. Después de comprobar el punto de sal, se añade el bacalao desmigado, el atún en trozos, los filetes de anchoa y un puñado de olivas.

4. Para preparar la salsa se escaldan las ñoras, se raspa la pulpa con un cuchillo y se pone en el mortero. Se añaden los ajos, las avellanas, las almendras y la guindilla y se maja hasta obtener una pasta. A continuación, se agrega el pan, humedecido con un poco de vinagre, y se sigue majando hasta que quede bien integrado. Llegado este punto, se va integrando poco a poco el aceite mientras se trabaja como si se fuera a elaborar una mayonesa.

5. Se distribuye la ensalada en los platos y cada comensal se servirá la cantidad de salsa que desee.

Zarangollo

1 kg de calabacines
2 cebollas
3 patatas
orégano
pimienta
aceite de oliva virgen extra
sal

 R. de Murcia   4 personas   Fácil

1. Se corta la cebolla finamente y se sofríe en una cazuela.

2. Cuando la cebolla esté transparente, se añade el calabacín pelado y cortado en rodajas finas y las patatas peladas y cortadas finas, como para tortilla.

3. Se tapa la cazuela y se deja cocer hasta que las patatas y los calabacines se hayan reblandecido; llegado este punto, se salpimienta y se prosigue la cocción con la olla destapada hasta que adquiera un color dorado.

4. Unos momentos antes de servir se espolvorea con orégano.

Segundos platos

Cocina regional española

Anguila al allipebre

1 y 1/4 kg de anguilas
2 patatas grandes
3 dientes de ajo
125 ml de vino blanco
pan seco
pimentón
aceite de oliva virgen extra
sal

 C. Valenciana   4 personas   Media

1. Se pelan y se cortan las patatas en rodajas y se doran en una cazuela con un poco de aceite.

2. Cuando las patatas hayan adquirido buen color, se baja el fuego y se añaden las anguilas cortadas en trozos, los ajos trinchados, el pan desmigado, el pimentón y el vino. Se deja cocer a fuego lento durante unos 20 minutos.

Bacalao a la riojana

4 trozos de lomo de bacalao desalado
500 g de pimientos morrones
500 g de tomates maduros
500 g de cebolla
2 dientes de ajo
aceite de oliva virgen extra
sal

 La Rioja　　　 4 personas　　　 Media

1. Se doran los ajos en una sartén con un poco de aceite y se reservan.

2. En el mismo aceite, se fríen los trozos de bacalao ligeramente enharinados y se disponen en una cazuela, cubriéndolos con una capa de pimientos asados.

3. Para asar los pimientos, se unta la piel con un poco de aceite, se disponen en una bandeja de horno y se asan hasta que la piel esté tostada. Se retiran del horno, se envuelven en un paño de cocina limpio y, cuando estén fríos, se les quita la piel.

4. A continuación, se elabora una salsa en el mismo aceite utilizado anteriormente. Se sofríe la cebolla cortada muy fina y, cuando haya tomado color, se agrega el tomate pelado y cortado en trozos. Se rectifica la sal y se añade un poco de azúcar para que el tomate pierda la acidez.

5. Para finalizar, se pasa la salsa por el colador chino y se vierte en una cazuela sobre el bacalao y los pimientos. Se pone al fuego, removiendo continuamente durante unos minutos para que ligue la salsa.

Bacalao al estilo de Valladolid

1 kg de bacalao
500 g de cebolla
400 g de pimientos rojos
200 g de tomates
75 g de piñones
50 g de almendras molidas
1 diente de ajo
aceite de oliva virgen extra
sal

 Castilla y León   4 personas   Media

1. Con anterioridad a la preparación del plato se desala el bacalao.

2. En una cazuela con un poco de aceite se rehoga la cebolla picada, el ajo trinchado y los pimientos rojos troceados. Transcurridos unos minutos se agregan los tomates pelados y troceados, un par de cucharadas de agua y un poco de sal. Cuando el sofrito esté bien confitado, se retira del fuego.

3. Se enharinan los trozos de bacalao y se fríen a fuego vivo en una sartén con abundante aceite. Cuando el bacalao haya cogido color, se pasa a la cazuela con el sofrito.

4. Cuando todo el bacalao esté dispuesto en la cazuela, se añaden los piñones y las almendras molidas y se riega con un chorro de aceite. Se hornea a temperatura media durante 15 minutos.

Bacalao al estilo de Yuste

400 g de bacalao seco
200 g de patatas
250 ml de leche
100 ml de aceite de oliva virgen extra
mantequilla
pan rallado
pimienta
sal

 Extremadura   4 personas   Media

1. Doce horas antes de preparar el plato se pone en remojo el bacalao. Transcurrido este tiempo, se escurre y se desmiga.

2. En una cazuela, se dispone el bacalao con las patatas peladas y troceadas y se añade el agua necesaria para cubrirlo todo.

3. Finalizada la cocción, se escurre y se hace un puré. Se aclara con la leche y, sin dejar de remover, se va incorporando el aceite y se sazona con pimienta y sal.

4. Se dispone la masa obtenida en una fuente de horno, se distribuyen trocitos de mantequilla por toda la superficie, se cubre con pan rallado y, a continuación, se gratina.

Caballa en escabeche

800 g de caballa
6 dientes de ajo
50 ml de vinagre
1 hoja de laurel
1 ramita de tomillo
pimentón dulce
harina
aceite de oliva virgen extra
sal

 C. de Ceuta y C. de Melilla   4 personas   Fácil

1. Se limpian las caballas, se cortan en filetes, se enharinan y se fríen en una sartén con aceite bien caliente. Cuando estén doradas, se retiran.

2. En el mismo aceite, se fríen los dientes de ajo, previamente pelados, con el tomillo y el laurel.

3. Cuando el sofrito haya tomado color, se agrega una cucharada de pimentón y el vinagre. Se deja cocer unos segundos removiendo bien para que el pimentón no se queme y se retira la sartén del fuego.

4. Se disponen las caballas en una fuente y se vierte por encima el sofrito.

5. El escabeche alcanzará su punto óptimo después de reposar 24 horas.

Cocina regional española

Caldeirada

800 g de pescado blanco variado
1 kg de patatas
4 dientes de ajo
pimentón dulce
100 ml de aceite de oliva virgen extra
50 ml de vinagre
sal

 Galicia   4 personas   Fácil

1. Se pelan las patatas y se trocean. Se cuecen en una olla con agua abundante y sal.

2. Antes de finalizar la cocción, se agrega el pescado cortado en trozos (rape, mero, rodaballo, merluza, etc.) y se mantiene la ebullición durante unos minutos.

3. Para preparar la salsa, se fríen los ajos pelados y, cuando hayan tomado color, se añade el pimentón, el vinagre y una parte del agua de cocción del pescado. Se deja unos minutos a fuego fuerte para que la salsa se espese.

4. Finalmente, se escurren las patatas y el pescado, se disponen en una fuente y se vierte la salsa caliente por encima.

Caldereta asturiana

500 g de pulpo
500 g de colas de gambas
250 g de mejillones de roca
500 g de pescado blanco
450 ml de vino blanco seco
500 g de tomates maduros
2 cebollas
2 dientes de ajo
1 pimiento verde
1 hoja de laurel
tomillo, perejil
aceite de oliva virgen extra
sal, pimienta en grano

 P. de Asturias   6 personas   Media

1. Después de limpiar el pulpo, se hierve durante 45 minutos en una olla con agua. Finalizada la cocción, se retira del fuego, se pela y se eliminan todas las partes duras.

2. Mientras se está cociendo el pulpo, se lavan los mejillones, se pelan las colas de las gambas y se trocea el pescado limpio de piel y espinas. Se reserva todo.

3. En una cazuela al fuego con aceite se elabora un sofrito con las cebollas, el pimiento y los ajos picados. Cuando empiece a tomar color, se agregan los tomates cortados en dados, el laurel, el tomillo, la pimienta, la sal y la mitad del vino, y se deja cocer a fuego suave durante unos 45 minutos.

4. Transcurrido este tiempo se agrega el pescado, el marisco y el resto del vino. Se prosigue la cocción hasta que los mejillones se hayan abierto. Antes de servir se espolvorea con abundante perejil picado.

Caldereta de pescado

1 bogavante
2 nécoras
1 kg de pescado de roca
300 g de tomates maduros
1 cebolla
1 diente de ajo
perejil
pimienta
100 ml de coñac
100 ml de vino blanco

 Islas Baleares   4 personas   Media

1. En una cazuela con un poco de aceite se dispone la cebolla picada, el tomate pelado y troceado, y el perejil y el ajo trinchados.

2. Antes de que la cebolla tome color, se añade el bogavante troceado y las nécoras partidas por la mitad, y se sala.

3. En un cazo pequeño se calienta el coñac, se vierte sobre la cazuela y se flamea de inmediato.

4. Cuando se haya extinguido la llama del flambeado, se añade el vino blanco y el pescado de roca limpio, salado y enharinado. Se sazona con pimienta y se mantiene la cocción durante 30 minutos.

Cocina regional española

Caldereta extremeña

1 kg de cordero
1 hígado de cordero
500 ml de caldo
500 ml de vino tinto
200 g de cebolla
4 dientes de ajo
1 pimiento morrón
1 cucharada de pimentón
100 ml de aceite de oliva virgen extra
pimienta en grano
1 hoja de laurel
harina
perejil
sal

 Extremadura   4 personas   Fácil

1. Se pelan los ajos y se fríen enteros en una cazuela; se reservan.

2. Se corta el cordero en trozos pequeños y se rehogan en la cazuela junto con el hígado entero hasta que se dore.

3. A continuación, se retira el hígado y se agrega la cebolla picada y el laurel; se deja dorar, se añade el pimentón, el vino y se remueve hasta que se evapore.

4. Se agrega la harina, se remueve para que se integre con la carne, se vierte el caldo y se deja cocer durante 45 minutos.

5. Mientras se cuece la carne, en un mortero se majan unos granos de pimienta, los ajos reservados, el pimiento morrón y un poco de aceite. Cuando estén bien amalgamados estos ingredientes, se añade el hígado y se trabaja bien, añadiendo un poco de caldo de la cazuela hasta conseguir una pasta homogénea.

6. Para finalizar, se vierte el contenido del mortero en la cazuela, se distribuye un poco de perejil picado y se deja cocer durante 10 minutos.

Cocina regional española

Calderete ribereño

1 kg de conejo
1 hígado de conejo
1 kg de caracoles
150 g de tocino
1 chorizo
500 g de patatas, 1 tomate
1 pimiento rojo
1 pimiento verde
1 pimiento choricero
1 cebolla, 1 guindilla
5 dientes de ajo
250 ml de vino blanco
200 ml de aceite de oliva virgen extra
caldo de carne
harina, orégano, sal

 La Rioja   4 personas   Fácil

1. Una hora antes de preparar el plato se pone en remojo el pimiento choricero en agua tibia. Transcurrido este tiempo, se raspa la pulpa y se reserva.

2. Se fríen la cebolla y tres dientes de ajo en una cazuela con aceite. Cuando empiecen a tomar color, se incorpora el conejo cortado en trozos y se rehoga. Una vez esté dorada la carne, se reserva.

3. A continuación, se añaden los pimientos troceados, la pulpa del pimiento choricero y una pizca de harina, y se remueve todo hasta que se dore. Se añade el conejo y las patatas peladas y troceadas. Se cuece unos minutos.

4. Mientras, se fríe el hígado de conejo con un par de dientes de ajo en una sartén. Una vez frito, se maja en el mortero y se deslíe con el vino blanco. La pasta obtenida se vierte en la cazuela.

5. Finalmente, se añaden los caracoles purgados y limpios, los tomates pelados y troceados, y el chorizo y el tocino cortados en trocitos. Se cubre con el caldo, se sazona con sal y orégano y se cuece hasta que esté todo tierno.

Cocina regional española

Caldero del Mar Menor

500 g de mújol
500 g de gallina de mar
250 g de rape
250 g de mero
200 g de langostinos
400 g de arroz
1 huevo
3 cabezas de ajos
2 ñoras
2 tomates maduros
2 l de agua
aceite de oliva virgen extra
pimienta, azafrán, sal

 R. de Murcia   4 personas   Difícil

1. Se fríen las ñoras en un poco de aceite Se pasan las cabezas de pescado por el mismo aceite y se reservan; también se fríe el tomate pelado y picado.

2. Cuando el tomate esté bien sofrito, se agrega el agua y se lleva a ebullición. Mientras, en un mortero se majan las ñoras, una cabeza de ajos y unas hebras de azafrán.

3. Se incorpora la pasta obtenida en el mortero y el pescado cortado en rodajas gruesas, y se rectifica la sal.

4. Una vez cocido el pescado se retira de la olla y se dispone en una fuente. Se retira también una taza de caldo y se reserva. Se prueba el caldo restante, se rectifica la sal y la pimienta, y se añade el arroz. Unos minutos antes de finalizar la cocción se distribuyen los langostinos por encima.

5. Se maja otra cabeza de ajos en el mortero y se deslíe con la taza de caldo reservada. Esta mezcla se verterá sobre el pescado en el momento de servir.

6. Con la cabeza de ajos restante, la yema de huevo y aceite se elabora un ajiaceite que se sirve con el arroz.

Cocina regional española

Callos a la madrileña

500 g de callos de ternera
500 g de morros de ternera
500 g de manos de ternera
1 morcilla, 1 chorizo
100 g de jamón
2 pimientos choriceros
1 cabeza de ajos, 2 cebollas
1 guindilla, 2 clavos, laurel
pimienta en grano
vinagre, sal, pimentón
aceite de oliva virgen extra

 C. de Madrid   4 personas   Media

1. Una hora antes de preparar el plato se ponen en remojo los callos, los morros y las manos de ternera troceados en agua, sal y vinagre. Una vez bien limpios, se aclaran bien bajo el chorro de agua fría.

2. En una olla con agua, se llevan a ebullición las carnes y se desecha el agua de la cocción. Se vuelve a llenar la olla de agua y se añade el laurel, una cebolla con los clavos pinchados, unos granos de pimienta, los pimientos choriceros y la cabeza de ajos, de la que se habrán retirado un par de dientes. Se mantiene la cocción hasta que los callos estén tiernos; se reserva todo.

3. Se prepara un sofrito con los dientes de ajo reservados y una cebolla picada. Cuando la cebolla esté dorada, se añade el jamón trinchado y el chorizo en rodajas, y se saltea ligeramente. Se aparta la cazuela del fuego y se añade una cucharada de pimentón, removiendo bien para que se integre.

4. En la misma cazuela se distribuyen las carnes y se añade la pulpa, previamente raspada, de los pimientos choriceros, la morcilla en rodajas y se cubre con el caldo de cocción reservado.

5. Se devuelve la cazuela al fuego y, cuando comience la ebullición, se añade la guindilla y se rectifica la sal. Se mantiene la cocción durante 30 minutos, hasta que la salsa se reduzca y se espese.

Capón de Villalba

1 capón
100 g de jamón serrano
500 g de cebollas pequeñas
250 ml de caldo de pollo
1 diente de ajo
pimienta
sal

 Galicia   6 personas   Media

1. Se limpia bien el capón, reservando la grasa, y se sazona. Con las cebollas cortadas en rodajas, el ajo picado y el jamón cortado en trozos pequeños se elabora el relleno, se introduce en el capón y se cosen las aberturas.

2. Se funde la grasa reservada en un cazo y, a continuación, se agrega el caldo de pollo.

3. La mitad de la mezcla obtenida se vierte en una fuente de horno, y encima, sobre una rejilla, se acomoda el capón untado con aceite. Se hornea a fuego lento durante unas 2 horas, hasta que la carne esté tierna. Para que el asado no se seque, se unta el capón regularmente con la mezcla restante de grasa y caldo.

4. Se sirve acompañado de puré de castañas o de manzana.

Cazón en adobo

800 g de cazón limpio
200 ml de vinagre blanco
4 dientes de ajo
1 cucharada de pimentón
orégano
aceite de oliva virgen extra
sal

 Andalucía   4 personas   Fácil

1. Se corta el cazón en rodajas y se dispone en una fuente.

2. En un mortero, se majan los ajos, el pimentón y el orégano con un poco de sal. Cuando se haya obtenido una pasta homogénea, se deslíe con el vinagre.

3. La mezcla obtenida se vierte sobre el pescado y se deja macerar durante unas 8 horas.

4. Transcurrido este tiempo, se escurre bien el pescado, se enharina y se fríe en una sartén con aceite muy caliente.

5. Se sirve recién hecho.

Chuletas de cordero al ajo cabañil

1 kg de chuletas de cordero lechal
100 g de almendras
2 cabezas de ajos
100 ml de vinagre
1 hoja de laurel
1 rebanada de pan
aceite de oliva virgen extra
sal

 R. de Murcia   4 personas   Fácil

1. Se fríe una rebanada de pan en un poco de aceite y se reserva.

2. Se fríen las chuletas en la misma sartén y se reservan.

3. Siempre en el mismo aceite, se rehogan los ajos, las almendras sin piel y el laurel. Si se quiere, se puede añadir un trocito de hígado.

4. Una vez terminado el sofrito, se maja todo en el mortero, se agrega el vinagre y, si hiciera falta, se puede añadir un poco de agua.

5. Se disponen las chuletas en una cazuela, se vierte por encima el contenido del mortero y se deja cocer a fuego lento durante 10 minutos.

Cocina regional española

Cochinillo asado

1 cochinillo de unos 3 kg
100 g de manteca de cerdo
laurel
agua
sal

 Castilla y León   6 personas   Media

1. Se corta el cochinillo por la mitad en sentido longitudinal. Resulta más práctico que este corte lo realicen en la carnicería en el momento de comprarlo.

2. En una fuente de horno, se vierten 250 ml de agua y se disponen unas ramas de laurel. Sobre este lecho se acomoda el cochinillo, convenientemente salado, con la parte interior hacia arriba.

3. Se lleva la fuente al horno y se deja cocer a fuego lento durante algo más de 1 hora. Si fuera necesario, se puede añadir un poco de agua.

4. Transcurrido este tiempo, se da la vuelta al cochinillo, se pincha ligeramente con un cuchillo y se unta con la manteca para que quede brillante y crujiente. Se hornea unos 45 minutos.

Conejo con pisto al estilo de La Mancha

2 conejos pequeños
1 cebolla grande
750 g de tomates maduros
3 pimientos rojos
250 g de calabacines
aceite de oliva virgen extra
sal

 Castilla La Mancha   4 personas   Fácil

1. Se limpian los conejos y se trocean. Se rehogan en una sartén con aceite hasta que estén dorados. Se retiran del fuego, se acomodan en una cazuela y se salan.

2. En el mismo aceite, se sofríe la cebolla cortada en finas rodajas. Cuando empiece a ponerse transparente, se añaden los pimientos cortados en trozos y, transcurridos unos minutos, se agregan los calabacines cortados en rodajas.

3. Cuando las hortalizas estén bien rehogadas, se añaden los tomates pelados, sin semillas y picados, se sazona bien y se distribuye el pisto sobre el conejo.

4. Se cuece a fuego lento hasta que la salsa se reduzca.

Cocina regional española

Cordero al chilindrón

1/2 cordero lechal
150 g de jamón
3 pimientos grandes
500 g de tomates
1 cebolla
1 diente de ajo
aceite de oliva virgen extra
pimienta
sal

 C. F. de Navarra   4 personas   Fácil

1. Se fríe el ajo en una sartén grande con un poco de aceite y se reserva.

2. Se salpimienta el cordero troceado, se corta el jamón en trocitos y se pica la cebolla muy fina. Todo ello se incorpora a la sartén. Se remueve bien para que se mezcle todo.

3. Cuando la cebolla comience a tomar color, se agregan los pimientos cortados en trozos, se remueve de nuevo y se añaden los tomates pelados y troceados.

4. Se mantiene la cocción hasta que el cordero esté bien cocido y se haya evaporado la mayor parte del agua.

Corvina con chícharos

800 g de corvina
400 g de guisantes (chícharos)
400 ml de agua
1 cebolla
4 dientes de ajo
2 hojas de laurel
azafrán
pan
aceite de oliva virgen extra
perejil
pimienta
sal

 Andalucía   4 personas   Fácil

1. Se fríe, en una sartén con un poco de aceite, la cebolla trinchada, 3 ajos picados y una pizca de pimienta. Cuando la cebolla empiece a transparentar, se añaden los guisantes y el laurel. Se remueve un poco, se añaden la hebras de azafrán, se cubre con agua y se deja cocer.

2. Se fríe una rebanada de pan en otra sartén y, a continuación, se maja en un mortero el pan frito y el ajo restante. Se deslíe con un poco de agua y se vierte el contenido del mortero en la sartén con los guisantes. Se rectifica la sal.

3. Cuando los guisantes estén cocidos, se añade la corvina cortada en rodajas, se deja cocer unos minutos por cada lado, se aparta la sartén del fuego y se deja reposar 5 minutos antes de servir.

Cuchifrito de cabrito

1 kg de cabrito
4 dientes de ajo
2 hojas de laurel
200 ml de vino blanco
pimentón dulce
pimentón picante
tomillo
aceite de oliva virgen extra
sal

 Extremadura   4 personas   Fácil

1. Se corta el cabrito y se pone a macerar con aceite, sal, tomillo, 1 cucharadita de pimentón dulce, 1/2 cucharadita de pimentón picante y la mitad del vino.

2. Transcurridas 2 horas, se fríe el cabrito con los ajos picados, el laurel, un poco de tomillo y de la mezcla de pimentón.

3. Cuando la carne esté dorada, se añade el resto del vino y se cuece tapado y a fuego vivo durante 10 minutos.

Cuscús de verduras con carne

500 g de cordero troceado
1/2 pollo troceado
2 zanahorias
2 calabacines
2 nabos
1 cebolla
1 pimiento rojo
3 tallos de cilantro
pimienta molida
azafrán
pimentón
comino molido
400 g de cuscús precocido
aceite de oliva virgen extra
agua
sal

 C. de Ceuta y C. de Melilla   4 personas   Fácil

1. En una olla, se saltea el pollo y el cordero. Cuando la carne empiece a tomar color, se añaden las hortalizas cortadas en trozos, la cebolla, las especias, un chorro de aceite y se cubre con agua. Se deja cocer hasta que la carne esté tierna.

2. Siguiendo las instrucciones del envase, se prepara el cuscús.

3. Para servir, se extiende el cuscús en una fuente, encima se dispone la carne y las verduras y, en un cuenco, el caldo de cocción de la carne que cada comensal se servirá a su gusto.

Encebollado de viejas con papas arrugadas

4 doradas de ración (viejas)
1 kg de patatas
2 cebollas
2 tomates
1 pimiento verde
2 cabezas de ajos
perejil
pimentón
cúrcuma
laurel
tomillo
pan rallado
aceite de oliva virgen extra
100 g de sal gruesa

 Canarias   4 personas   Fácil

1. Para preparar la papas arrugadas se disponen en una olla con piel y bien lavadas, se cubren con agua y se agrega la sal. Se tapa la olla y se cuecen durante 30 minutos. Transcurrido este tiempo, se vacía el agua y se lleva de nuevo la olla al fuego para que la piel de las patatas se seque y se arrugue.

2. Después de limpiar bien las doradas, se fríen en una sartén y se retiran; en el mismo aceite se sofríen las cebollas cortadas en láminas finas, los pimientos, en dados, los ajos trinchados y los tomates troceados; se aromatiza con el perejil y el resto de especias.

3. Se dispone el pescado con la salsa en una cazuela, se espolvorea con un poco de pan rallado, se añade un poco de agua y se cuece durante unos minutos más.

4. Se sirve en una bandeja acompañado de las papas arrugadas.

Engravá

4 costillas de cerdo
150 g de judías blancas
150 g de arroz
30 g de manteca de cerdo
300 g de tomates
ajo
sal

 C. Valenciana   4 personas   Fácil

1. Se rehogan las costillas con la manteca en una cazuela y se reservan.

2. A continuación y en la misma grasa, se fríen los tomates troceados y los ajos picados.

3. Cuando el sofrito tenga buen color, se añaden las costillas y las judías, se cubre con agua, se rectifica la sal y se deja cocer.

4. Cuando falten 15 minutos para finalizar la cocción, se añade el arroz.

Cocina regional española

Fabas con almejas

750 g de judías blancas (fabas)
300 g de almejas
1 cebolla
2 dientes de ajo
pimentón picante
aceite de oliva virgen extra
perejil
sal

 P. de Asturias 6 personas Fácil

1. En una cacerola con agua fría, se ponen las fabas, que habrán estado en remojo durante 24 horas, junto con la cebolla y 1 diente de ajo; se cuece a fuego lento hasta que estén tiernas.

2. Se pica el otro diente de ajo y se fríe en una cazuela. Antes de que coja color se añaden las almejas, previamente lavadas. Cuando hayan soltado su agua, se agrega una pizca de pimentón picante, se remueve bien y se vierte todo el contenido en la cazuela de las fabas.

3. Para integrar los elementos sin estropearlos, se agita enérgicamente la cacerola y se deja cocer durante 5 minutos.

Cocina regional española

Falda de ternera rellena

750 g de falda
200 g de carne picada de ternera
200 g de carne picada de cerdo
50 g de tocino picado
2 huevos, 60 g de harina
400 g de tomates maduros
1 cebolla, 2 zanahorias
pimentón, sal
100 ml de vino blanco
aceite de oliva virgen extra

 País Vasco   4 personas   Difícil

1. Se mezclan las carnes y el tocino picados en una olla. Se agrega la mitad del vino, la mitad de la harina, 1 cucharada de pimentón, los huevos enteros y un poco de sal; se amasa hasta que quede todo integrado.

2. Se extiende la falda de ternera, que debe ser lo más delgada posible, sobre la superficie de trabajo, se sazona con sal y se distribuye sobre ella el picadillo. Se envuelve en forma de rollo y se ata con hilo de cocina.

3. Se enharina el redondo y, se dora en una cazuela con un poco de aceite.

4. Una vez dorado, se añade la cebolla y las zanahorias picadas y se hornea. Tras 15 minutos de cocción, se añade el resto de la harina, el tomate cortado en pedazos y el resto del vino blanco. Se devuelve la cazuela al horno.

5. Transcurridos otros 15 minutos, se cubre la carne con agua hirviendo y se deja cocer hasta que esté tierna. Finalizada la cocción, se retira la carne de la cazuela, se desecha el hilo y se distribuye, cortada en rodajas, en una fuente.

6. Se pasa primero la salsa por un pasapurés y después por el colador chino, y se recoge en una cazuelita. Se lleva al fuego y se deja reducir.

7. Se sirve la carne con la salsa muy caliente por encima.

Gaspatxo d'Utiel

1 liebre
2 ajos
1 tomate
aceite de oliva virgen extra
agua
sal
coca de gazpacho

 C. Valenciana   6 personas   Fácil

1. Después de limpiar y trocear la liebre, se fríe en una sartén grande con aceite.

2. Cuando haya tomado color, se añaden los ajos sin pelar, el tomate pelado y picado y el agua necesaria para cubrirlo todo. Se deja cocer hasta que la carne esté tierna.

3. A continuación, se agrega un poco de pimienta y unas ramitas de tomillo y romero, se cubre de nuevo con agua y se añade la coca de gazpacho partida. Se puede sustituir la coca por torta de pan sin levadura.

4. Se remueve unos minutos y ya está listo para servir.

Gazpacho manchego

1/2 conejo
1/2 cabeza de ajos
200 ml de vino blanco
1/2 torta de gazpacho (pan ácimo)
pimienta
pimentón
azafrán
aceite de oliva virgen extra
sal

 Castilla La Mancha   4 personas   Media

1. Una vez limpio y troceado, se cuece el conejo en una cacerola con agua y sal. Cuando el conejo esté tierno, se retira del fuego, se deshuesa, se trincha la carne y se reserva el caldo.

2. Se sofríen tres ajos en una sartén con un poco de aceite; cuando hayan tomado color, se añade 1 cucharadita de pimentón y se remueve bien. Inmediatamente, se añade el vino y, cuando se haya reducido un poco, se agregan 2 tazas del caldo reservado, pimienta molida, unas hebras de azafrán y otros 3 ajos.

3. Finalmente, se añade el conejo y la torta cortada en trozos pequeños. Se deja cocer a fuego lento hasta que el guiso espese y el pan esté a punto.

Cocina regional española

Kokotxas a la donostiarra

1 kg de kokotxas
6 dientes de ajo
1 cucharada de perejil picado
250 ml de aceite
sal

 País Vasco   4 personas   Difícil

1. Se pone el aceite a calentar en una cazuela de base ancha junto con el ajo cortado en láminas, y cuando este empiece a dorarse, se retira la cazuela del fuego.

2. Se deja templar el aceite, y se incorporan las kokotxas. Se vuelve a colocar la cazuela en el fuego, y se imprime un movimiento de vaivén continuo hasta que la salsa quede completamente ligada. Se sazona.

3. Se espolvorea perejil picado y se sirve inmediatamente.

Lechazo asado

1 pierna de cordero lechal
100 g de manteca de cerdo
100 ml de agua
50 ml de vinagre
1 ramita de perejil
2 dientes de ajo
nuez moscada
sal

 Castilla y León 4 personas Fácil

1. Se sazona la carne con sal y nuez moscada y, a continuación, se unta con la manteca.

2. En una bandeja de horno se dispone la pierna con la piel hacia abajo, se añade el agua y se introduce en el horno, previamente calentado. Se deja cocer a fuego medio unos 20 minutos por cada lado, hasta que quede bien dorado.

3. Mientras, se mezcla el vinagre con el perejil y el ajo trinchados. Cuando el cordero esté listo, se vierte la mezcla por encima y se mantiene en el horno unos minutos más.

Cocina regional española

Magras con tomate

600 g de carne magra de cerdo
500 g de tomates maduros
2 cebollas
4 dientes de ajo
harina
aceite de oliva virgen extra
sal

 Aragón   4 personas   Fácil

1. Se enharinan las magras y se fríen en una sartén con un poco de aceite. Se reservan.

2. Para elaborar la salsa de tomate, se rehogan las cebollas picadas y los ajos trinchados en una cazuela. Cuando hayan tomado color, se añaden los tomates pelados y troceados. Se salpimienta, se añade un poco de azúcar y se deja cocer hasta que la salsa esté en su punto.

3. Se añaden las magras a la cazuela y se deja cocer todo junto durante unos 10 minutos.

Mar i muntanya

1 pollo mediano
1 langosta de 1 kg
1 cebolla, 3 tomates maduros
100 ml de vino rancio
50 ml de aguardiente
1 diente de ajo
50 g de almendras y avellanas tostadas
20 g de chocolate rallado, 50 g de harina
1 ramito con laurel, tomillo y ajedrea
canela en polvo, azafrán
pimienta, manteca de cerdo
aceite de oliva virgen extra, sal

 Cataluña   6 personas   Difícil

1. Se corta el pollo en trozos, se salpimienta, se espolvorea con un poco de canela y se rehoga en una cazuela con aceite y manteca. Cuando el pollo esté dorado, se añade la cebolla trinchada y el ramito de hierbas aromáticas. Se mantiene la cocción hasta que la cebolla comience a tomar color.

2. Se agrega el tomate pelado y bien picado. Cuando se haya evaporado un poco el agua, se vierte el vino rancio y el aguardiente. Se tapa la cazuela y se prosigue la cocción hasta que la salsa se reduzca a la mitad. A continuación, se añade la harina y el agua necesaria para cubrir el pollo. Se baja el fuego y se cuece.

3. Se corta la cabeza de la langosta y se divide longitudinalmente. Se reserva en una taza toda el agua que contenga y el hígado.

4. El resto de la langosta se trocea en 6 partes. Se espolvorean con sal, se pasan por la sartén a fuego vivo y se añaden a la cazuela.

5. En un mortero, se majan unas hebras de azafrán tostado, las almendras y avellanas, el ajo, la ramita de perejil, el hígado de la langosta frito y el chocolate. Se hace una pasta muy fina y se deslíe con el líquido reservado de la cabeza de la langosta. Si hiciese falta más líquido puede tomarse de la cazuela.

6. Se vierte el contenido del mortero en la cazuela, se rectifica la sal y la pimienta, y se prosigue la cocción hasta que el pollo esté tierno.

Cocina regional española

Marmita de bonito

400 g de bonito fresco
700 g de patatas
4 tomates maduros
2 pimientos verdes
2 pimientos rojos
2 cebollas
50 ml de vino blanco
2 dientes de ajo
1 hoja de laurel
pimienta
pimentón picante
aceite de oliva virgen extra
sal

 Cantabria   4 personas   Fácil

1. En una cazuela al fuego con aceite se rehogan las cebollas picadas. Cuando empiecen a tomar color se añaden los pimientos troceados y los tomates pelados y en trozos, y se deja cocer a fuego lento.

2. Mientras, en un mortero se majan los dientes de ajo, se deslíen con el vino y se vierte la mezcla en la cazuela. Se rectifica la sal, se añade la pimienta y un poco de pimentón picante, se remueve y se deja cocer unos minutos.

3. A continuación, se añaden las patatas peladas y cortadas en trozos y la hoja de laurel. Se remueve y se agrega agua hasta cubrir. Se deja cocer.

4. Cuando las patatas estén casi a punto, se añade el bonito cortado en dados y se prosigue la cocción durante 10 minutos.

5. Antes de servir, se deja reposar unos minutos.

Merluza al estilo de la Ribera

4 rodajas grandes de merluza
2 pimientos del piquillo
100 g de guisantes
8 espárragos
2 dientes de ajo
1/2 guindilla
1 limón
harina
vinagre
aceite de oliva virgen extra
sal

 C. F. de Navarra   4 personas   Media

1. Una vez limpia la merluza, se sala, se enharina y se fríe en una sartén al fuego con aceite, procurando que no quede muy cocida. Se retira del fuego y se reserva en una cazuela.

2. En el mismo aceite se fríen los ajos, la guindilla, los pimientos, el zumo de limón y unas gotas de vinagre. Cuando los ajos hayan tomado color, se vierte el contenido de la sartén sobre la merluza, se añaden los guisantes y los espárragos, y se deja cocer a fuego lento durante unos 10 minutos.

3. Transcurrido este tiempo, se retira la cazuela del fuego y se añade una cucharada de harina disuelta en agua.

4. Se devuelve la cazuela al fuego, cuando rompa a hervir, se aparta definitivamente del fuego para servir.

Morteruelo

1/4 de liebre
1/2 perdiz
1/4 de gallina
100 g de hígado de cerdo
100 g de tocino
300 g de pan rallado
pimentón
alcaravea
pimienta
clavo
canela
aceite de oliva virgen extra
sal

 Castilla La Mancha   4 personas   Media

1. En una olla al fuego con agua, se cuecen la liebre, la perdiz, la gallina y el hígado durante 3 horas.

2. Transcurrido este tiempo, se aparta la olla del fuego, se reserva el caldo de cocción, se retiran pieles y huesos, se pican las carnes y se machaca el hígado en un mortero.

3. En una sartén grande al fuego con aceite, se fríe el tocino. Cuando esté bien dorado y se haya fundido en su mayor parte, se retira de la sartén.

4. A continuación, se dora el pan rallado en la grasa caliente, se añade el pimentón, removiendo unos instantes para que no se queme, y después se incorpora el picadillo de carnes, el hígado majado y las especias.

5. Finalmente, se moja el guiso con una parte del caldo reservado y se deja cocer a fuego lento hasta que espese.

Cocina Regional Española

Pastel de carne

250 g de ternera
100 g de jamón
100 g de chorizo
100 g de panceta
2 tomates
2 pimientos verdes
3 huevos
aceite de oliva virgen extra
pimienta, sal

Para la masa del pastel:
500 g de harina
150 ml de aceite de oliva virgen extra
100 ml de agua, sal

 R. de Murcia   4 personas   Difícil

1. En un cuenco se mezclan todas las carnes bien picadas, se salpimientan y se dejan reposar.

2. Se prepara un sofrito con los pimientos verdes cortados finos y los tomates rallados. Cuando todo esté bien sofrito, se añaden las carnes y se rehoga. Una vez se haya integrado la carne y el sofrito, se aparta del fuego y se deja enfriar. A continuación, se trinchan 2 huevos duros y se mezclan con el relleno.

3. Para elaborar la pasta, se forma sobre el mármol un volcán con la harina y en el centro se vierte el aceite, el agua y un poco de sal. Se trabaja hasta conseguir una masa homogénea. Seguidamente, se extiende con un rodillo de madera y se forman 2 círculos, uno para la base y otro para la cubierta.

4. Sobre una placa de horno se dispone uno de los círculos, y sobre él, el relleno, se cubre con la otra porción y se unen bien los bordes. Con un pincel se pinta la superficie del pastel con huevo batido.

5. Se hornea el pastel a temperatura media durante 30 minutos.

Cocina regional española

Perdiz estofada

2 perdices medianas
4 cebolletas
1/2 cabeza de ajos
tomillo
pimienta en grano
laurel
250 ml de agua
250 ml de vino blanco
perejil
aceite de oliva virgen extra
sal

 La Rioja   4 personas   Media

1. En una cazuela al fuego con aceite, se rehogan las cebolletas troceadas. Cuando empiecen a tomar color, se le añaden las perdices limpias, los ajos, el tomillo, unos granos de pimienta, el laurel y la sal necesaria.

2. Se remueven un poco los ingredientes y se vierte en la cazuela el agua y el vino. Se deja cocer a fuego lento durante 90 minutos, hasta que las perdices estén tiernas.

3. Una vez cocidas, se reservan las perdices. Se pasa la salsa por el pasapurés, se rectifica la sal y se agrega el perejil picado.

4. Se devuelve la salsa al fuego para que espese y se vierte sobre las perdices, partidas por la mitad, en el momento de servir.

Peus de porc a la catalana

4 manos de cerdo
3 zanahorias
3 cebollas
3 dientes de ajo
1 hoja de laurel
tomillo, perejil
100 ml de vino rancio
30 g de chocolate
25 g de almendras tostadas
canela
75 g de manteca

 Cataluña   4 personas   Media

1. Se pasan las manos de cerdo por la llama para limpiarlas completamente y se parten por la mitad en sentido longitudinal.

2. En una olla se disponen las manos con el laurel, 1 cebolla, 1 zanahoria y el agua necesaria para que las cubran. Se lleva a ebullición y se mantiene la cocción durante unas 2 horas o hasta que las manos estén tiernas. Finalizada la cocción, se retiran del agua, se eliminan los huesos que puedan extraerse con facilidad y se reservan las manos.

3. En una cazuela con la manteca, se rehogan las cebollas y zanahorias restantes cortadas en trozos pequeños. Cuando empiecen a tomar color se añaden los ajos trinchados, se remueve un poco el sofrito, se añaden las manos y se vierte el vino.

4. Una vez se ha evaporado el vino, se añade un ramito formado con el tomillo y el perejil, se cubre hasta la mitad con el caldo de cocción de las manos, se salpimienta y se deja cocer durante 15 minutos.

5. Transcurrido este tiempo, se añade a la cazuela un majado elaborado con el chocolate, las almendras peladas, un poco de canela en polvo y diluido con unas cucharadas de caldo. Se prosigue la cocción durante otros 15 minutos, aproximadamente, y antes de servir, se comprueba que la carne esté tierna.

Pollo al chilindrón

1 pollo
200 g de jamón
2 pimientos rojos
2 tomates maduros
1 cebolla
2 dientes de ajo
pimentón dulce
pimienta
sal
aceite de oliva virgen extra

 Aragón   4 personas   Fácil

1. Se limpia bien el pollo, se trocea y se reserva.

2. En una cazuela se fríen los ajos y, cuando empiecen a tomar color, se agrega el pollo salpimentado y se deja cocer hasta que esté dorado.

3. A continuación, se añade el jamón cortado en dados y la cebolla picada. Se deja cocer, removiendo de vez en cuando, hasta que la cebolla tome color.

4. Llegado este punto, se agregan los pimientos asados, pelados y cortados en trozos, y los tomates pelados y troceados. Se tapa la cazuela y se deja cocer a fuego lento durante 45 minutos.

5. Transcurrido este tiempo, se espolvorea el guiso con pimentón dulce, y se prosigue la cocción durante otros 5 minutos a fuego fuerte para que se evapore una parte la salsa.

Cocina regional española

Pollo campurriano

1 pollo mediano
150 g de tocino entreverado
200 g de arroz
3 pimientos
2 cebollas
250 ml de vino blanco
200 g de manteca de cerdo
harina
pimentón
pimienta
sal

 Cantabria   4 personas   Media

1. Se limpia bien el pollo, se seca con un paño de cocina limpio, se trocea y se salpimienta.

2. En una cazuela al fuego con la mitad de la manteca y el tocino cortado en dados pequeños, se rehoga el pollo; cuando empiece a tomar color, se añade 1 cebolla picada y el laurel. Antes de que la cebolla esté totalmente dorada, se vierte el vino y una pizca de harina, se remueve un poco y se agrega el agua caliente necesaria para cubrir escasamente el pollo. Se prosigue la cocción, siempre a fuego lento y con la olla tapada, hasta que el pollo esté tierno.

3. Con el resto de manteca se rehoga la otra cebolla picada y los pimientos cortados en dados. Cuando estén dorados, se añade el pimentón, se remueve rápidamente y se incorpora el arroz. Se rehoga todo junto durante unos instantes y se agrega una cantidad de agua caliente equivalente al doble del volumen de arroz. Se mantiene la cocción unos 15 minutos.

4. En el momento de servir, el pollo y el arroz se presentan a la vez en cazuelas separadas.

Pollo embarrado

1 pollo mediano
1 cabeza de ajos
125 ml de vino blanco
125 ml de aceite de oliva virgen extra
3 cucharadas de comino
2 cucharadas de pimentón
sal

 Canarias   4 personas   Fácil

1. Se limpia el pollo, se trocea y se unta con un majado elaborado con los ajos, el pimentón, el comino y un poco de sal, al que se añade lentamente un tercio del aceite y la misma cantidad de vino blanco. Se deja en adobo durante 1 hora.

2. En una cazuela honda, se dispone el pollo y se riega con el vino y el aceite sobrantes. Se tapa bien la cazuela y se deja cocer a fuego lento unos 45 minutos, hasta que el pollo esté tierno.

Pulpo con cachelos

1 pulpo de 2 kg
500 g de patatas
1 cebolla
pimentón picante
sal gruesa
aceite de oliva virgen extra

 Galicia   4 personas   Fácil

1. Se lleva al fuego una olla grande con abundante agua y la cebolla. Cuando comience a hervir, se introduce el pulpo por 3 veces, hasta que comience a rizarse. Después se deja cocer durante 50 minutos.

2. En otra olla, se vierte un poco de agua de la cocción del pulpo y se hierven las patatas con piel y bien limpias. Finalizada su cocción, se les quita la piel y se cortan en rodajas.

3. Antes de servir, se disponen las patatas en una fuente formando una base sobre la que se distribuirá el pulpo cortado en rodajas. Finalmente se aliña con sal, pimentón y aceite.

Cocina regional española

Rabo de toro

1,5 kg de rabo de toro
2 puerros
2 tomates maduros
1 cebolla
3 dientes de ajo
250 ml de vino oloroso de Jerez
500 ml de caldo de carne
estragón
laurel
aceite de oliva virgen extra
sal

 Andalucía   4 personas   Media

1. En una sartén al fuego con aceite, se rehoga la cebolla rallada y los ajos enteros. Cuando la cebolla empiece a transparentar, se añaden los puerros y la zanahoria limpios y troceados.

2. Se corta en trozos el rabo de toro, se enharina y se dora en una cazuela con un poco de aceite. Se agrega el tomate pelado y picado, se salpimienta y, después de remover un poco, se añade el contenido de la sartén. Se deja cocer durante unos 10 minutos.

3. Transcurrido este tiempo, se vierte en la cazuela el vino y el caldo de carne, y se agregan las hierbas aromáticas. Se mantiene la cocción a fuego lento durante unas 3 horas.

4. Antes de servir se pasa la salsa por el colador chino.

Rape a la Rusadir

2 kg de colas de rape
1 cabeza de rape
1 kg de tomates
500 g de pimientos verdes
150 g de guisantes
2 pimientos morrones
1 cabeza de ajos
1 tallo de perejil
1 ñora, comino
pimienta, azafrán
aceite de oliva virgen extra
agua, sal

 C. de Ceuta   4 personas   Media

1. En una olla al fuego con agua, sal y la cabeza de rape se prepara un caldo.

2. Para elaborar el majado de especias, se mezclan en un mortero 2 dientes de ajo, un poco de pimienta molida, una pizca de comino molido, unas hebras de azafrán tostado, la pulpa de la ñora, previamente frita, y un poco de sal. Cuando se haya conseguido una pasta homogénea, se deslíe con un cucharón de caldo de pescado y se reserva.

3. En una cazuela con el mismo aceite de freír la ñora, se prepara un sofrito con el resto de ajos y el perejil trinchados. Cuando empiecen a tomar color, se añaden los pimientos en tiras y los tomates finamente picados, y se deja cocer lentamente. A media cocción se retiran unas tiras de pimientos y se reservan, y cuando el sofrito esté listo, se pasa por el colador chino.

4. Una vez limpias las colas de rape, se disponen en la cazuela con el sofrito ya colado, el contenido del mortero, un poco de caldo y sal. Cuando el pescado esté en su punto, se incorporan los pimientos verdes, los pimientos morrones cortados en tiras y los guisantes previamente hervidos. Se deja cocer unos minutos y se sirve muy caliente.

Cocina regional española

Salmonetes a la menorquina

8 salmonetes
2 cebollas
1 pimiento morrón
1 huevo cocido
125 ml de vino blanco
125 ml de agua
3 dientes de ajo
1 limón, tomillo
hinojo, perejil
pimienta, sal
aceite de oliva virgen extra

 Islas Baleares   4 personas   Media

1. Se escama bien el pescado y se limpia reservando huevas e hígados.

2. Una vez salados y enharinados, se fríen los salmonetes en una cazuela con aceite. Se reservan.

3. Se retiran de la cazuela 2 cucharadas de aceite y se reservan. En la misma cazuela se elabora un sofrito con las cebollas y el pimiento trinchados, los ajos troceados y un poco de hinojo y tomillo. Se remueve bien y, cuando la cebolla haya tomado un poco de color, se agrega el vino y el agua y se deja cocer hasta conseguir una salsa homogénea. Se pasa por el colador y se reserva.

4. Mientras se prepara el sofrito, se saltean las huevas y los hígados en una sartén con el aceite reservado y, a continuación, se majan en un mortero junto con la yema del huevo y unas gotas de limón.

5. En la misma sartén, se une la salsa con el contenido del mortero y se calienta durante unos minutos hasta que se integren los sabores.

6. Finalmente, se disponen los salmonetes en una fuente resistente, se cubren con la salsa y se llevan al horno, precalentado a 180 °C, sin llegar a cocer. Los salmonetes se espolvorean con perejil picado en el momento de servir.

Sardinas a la santanderina

16 sardinas
1 cebolla
5 tomates maduros
4 dientes de ajo
harina
perejil
250 ml de aceite de oliva virgen extra
sal

 Cantabria   4 personas   Fácil

1. Se limpian las sardinas, se salan y se enharinan. Se fríen en una sartén con la mitad del aceite. Se reservan en una cazuela.

2. Para preparar la salsa, se rehoga la cebolla finamente cortada en una sartén y, cuando empiece a tomar color, se añaden los tomates pelados y troceados. Cuando el sofrito esté bien integrado, se vierte sobre las sardinas.

3. En otra sartén, se saltean los ajos cortados en láminas y un poco de perejil picado. Antes de que los ajos estén muy dorados, se retiran del fuego y se vierten sobre la cazuela de las sardinas.

4. Para finalizar el guiso, se lleva la cazuela al fuego y se deja cocer durante unos minutos.

Sofrit pagès

750 g de pierna de cordero
4 muslos de pollo
200 g de tocino
100 g de salchicha
100 g de morcilla
100 g de sobrasada
350 g de patatas
2 cabezas de ajos
manteca de cerdo
perejil
pimentón
canela
clavo
azafrán
pimienta
sal

 Islas Baleares   4 personas   Fácil

1. En una olla con abundante agua, se elabora un caldo con el pollo y el cordero. Cuando las carnes estén tiernas, se retiran del fuego y se reservan.

2. Para preparar el sofrito, se lleva al fuego una cazuela grande con un poco de manteca y se fríe el tocino cortado en dados. Cuando el tocino empiece a tomar color, se añaden las cabezas de ajos enteras y la sobrasada. Cuando esta empiece a derretirse, se agrega la salchicha y la morcilla, se remueve bien, se deja cocer unos instantes y se añaden las patatas cortadas en trozos y el perejil picado.

3. Una vez que las carnes del sofrito estén en su punto, se añaden 2 cucharones del caldo de la olla, el pollo y el cordero cocidos, las especias y se rectifica la sal.

4. A continuación, se prosigue la cocción, removiendo la cazuela hasta que las patatas estén cocidas y el guiso se haya secado. Con el caldo reservado puede prepararse una sopa de arroz de primer plato.

Cocina regional española

Soldaditos de Pavía

600 g de bacalao seco
1 huevo
pimentón
pimienta
limón
harina
aceite de oliva virgen extra
sal

 C. de Madrid   4 personas   Fácil

1. El día anterior a la preparación del plato, se pone en remojo el bacalao sin piel ni espinas y cortado en tiras.

2. Una vez escurrido el bacalao, se seca y se dispone en un bol donde macerará durante 3 horas con un aliño elaborado con un poco de pimienta, pimentón, el zumo del limón y aceite.

3. Transcurrido este tiempo, se escurre bien el bacalao, se reboza con harina y huevo batido y se fríe en abundante aceite.

4. Se puede servir con una guarnición de judías verdes al vapor.

Suquet

1 escorpina
1 tomate maduro
1 cebolla
1 patata
3 dientes de ajo
1 rebanada de pan frito
100 ml de vino blanco
piñones
azafrán
aceite de oliva virgen extra
sal

 Cataluña   4 personas   Media

1. Se escama bien el pescado, se limpia y se trocea, reservando el hígado.

2. En una cazuela al fuego con aceite se fríe el hígado del pescado. Después se reserva.

3. Después de pelar y cortar la patata en rodajas, se fríe en el mismo aceite. Cuando esté dorada, se añade la cebolla muy picada; cuando esta tome color, se agrega el tomate rallado. Se deja cocer a fuego lento hasta obtener un sofrito muy confitado.

4. Mientras, se maja en un mortero el hígado del pescado con una cucharada de piñones, los ajos pelados y la rebanada de pan frito.

5. En la cazuela del sofrito se acomoda el pescado, se vierte la picada diluida con el vino blanco y se deja cocer, removiendo la cazuela, hasta que esté completamente cocido.

Ternasco asado

1 kg de ternasco
patatas
50 g de manteca de cerdo
1/2 cabeza de ajos
50 ml de vino blanco
romero
perejil
aceite de oliva virgen extra
sal

 Aragón   4 personas   Media

1. Se cubre el fondo de la fuente de horno que se vaya a utilizar con rodajas gruesas de patata y se sazonan con sal.

2. Se funde la manteca de cerdo junto con un poco de romero en una sartén. Con la grasa obtenida se unta el cordero, que previamente se habrá sazonado con sal y frotado con un ajo.

3. A continuación, se acomoda el cordero en la fuente con el lado externo sobre las patatas. Se hornea durante 30 minutos a temperatura alta.

4. Mientras, se majan en un mortero los ajos restantes y el perejil con un poco de aceite y se deslíe con el vino.

5. Transcurridos los primeros 30 minutos de cocción, se retira el cordero del horno, se le da la vuelta y se unta con la mezcla del mortero. Se devuelve otra vez al horno y se prosigue la cocción durante otros 30 minutos.

Trucha a la navarra

4 truchas
4 lonchas de jamón
harina
pimienta
perejil
sal
aceite de oliva virgen extra

 C. F. de Navarra   4 personas   Fácil

1. Se limpian las truchas, se abren y se le quitan las vísceras; el interior también se limpia.

2. A continuación, se secan con un paño y en su interior se acomodan las lonchas de jamón. Se salpimientan y se enharinan.

3. En una sartén con el aceite muy caliente se fríen las truchas y, cuando se retiren del fuego, se espolvorean con perejil trinchado.

Txangurro relleno

4 centollos (txangurro)
50 g de cebolla
50 g de zanahoria
50 g de puerros
500 g de tomates maduros
150 ml de vino blanco
2 hojas de laurel
pimentón picante
aceite de oliva virgen extra
sal

 País Vasco   4 personas   Media

1. Se lleva a ebullición una olla grande con agua, el laurel y sal. Se añaden los centollos y se cuecen durante 10 minutos. Transcurrido este tiempo, se dejan enfriar en la misma agua.

2. Una vez fríos se les quitan las patas, se abren y se reserva la carne después de extraerla.

3. Se abren también los caparazones, se reserva todo el caldo que salga y las partes blandas y, a continuación, se extrae la carne y se une a la de las patas.

4. Para elaborar el relleno, se fríe la cebolla picada en una sartén con un poco de aceite; se añade el puerro, limpio de arenilla y cortado en trozos pequeños, y la zanahoria, cortada en láminas finas. Se cuece a fuego lento hasta que las verduras estén tiernas. Llegado este punto, se añaden las partes blandas de los centollos, el caldo reservado y una pizca de pimentón picante, y se remueve hasta que se amalgamen todos los ingredientes. Se agrega el tomate rallado y, cuando la salsa se haya reducido, se vierte el vino, se deja reducir un poco al fuego; se añaden las carnes, se remueve nuevamente para integrar los sabores y se aparta del fuego.

5. Se distribuye el relleno en los caparazones bien limpios de los centollos, se espolvorean con pan rallado, se añade un poco de mantequilla a cada uno y se gratinan al horno.

Zorza

800 g de carne magra de cerdo en un trozo
1/2 cabeza de ajos
50 ml de vino de Jerez
pimentón dulce
pimentón picante
orégano
aceite de oliva virgen extra
sal

 P. de Asturias 4 personas Fácil

1. Se mezcla bien, en un recipiente grande, el jerez con 1 cucharadita de pimentón dulce y otra de pimentón picante. Se añaden los ajos, previamente machacados en un mortero con un poco de sal, una pizca de orégano y la carne cortada en trozos pequeños. Se trabaja todo cuidadosamente y se deja en maceración durante 3 horas, removiendo de vez en cuando.

2. Se lleva al fuego una cacerola con aceite y, cuando esté caliente, se incorpora la carne y se deja cocer lentamente durante 15 minutos.

Postres

Amarguillos serranos

350 g de almendras sin cáscara
125 g de azúcar
1 huevo
canela
ralladura de limón
agua

 Andalucía   6 personas   Media

1. Se escaldan las almendras y se les quita la piel. A continuación, se trocean y se dejan cocer para que se ablanden.

2. Se escurren, se secan y se majan en un mortero hasta obtener una pasta fina.

3. Llegado este punto, se agrega el azúcar, el huevo, una pizca de canela, un poco de ralladura de limón y se amasa durante unos minutos. Cuando la masa adquiera una consistencia homogénea, se deja reposar durante 60 minutos.

4. Transcurrido este tiempo, se hacen bolitas con la masa. Se ponen en una fuente y se hornean durante 15 minutos.

5. Se dejan reposar hasta que se enfríen.

Arnadí

1 calabaza de 3 kg aproximadamente
1 kg de azúcar
450 g de almendras
300 g de nueces
150 g de pasas de Corinto
pimienta negra
aceite de oliva virgen extra

 C. Valenciana   4 personas   Media

1. Se corta la calabaza horizontalmente y se asa en el horno.

2. Una vez cocida, se le quitan las pepitas y filamentos. Se saca la pulpa y se aplasta; se envuelve en un lienzo y se deja suspendida varias horas para que escurra.

3. Se escaldan y se pelan las almendras y, antes de triturarlas, se reservan algunas para decorar. Se parten las nueces y se trituran con las almendras.

4. Cuando la pulpa de calabaza esté bien escurrida, se pone en una cazuela a fuego lento y se agrega el azúcar, mientras se trabaja la masa. A continuación, se añaden 3/4 partes de la mezcla de frutos secos y las pasas de Corinto y se remueve hasta que todo quede bien integrado.

5. Se fríe ligeramente la parte restante de la mezcla de almendras y nueces en una sartén con un poco de aceite; se espolvorea con pimienta negra y se incorpora a la cazuela. Se remueve nuevamente y se retira del fuego.

6. Se sirve en cazuelitas individuales formando un cono y se decora con las almendras reservadas.

Bizcochos de Calatayud

100 g de harina
50 g de azúcar fino
3 huevos
5 g de levadura en polvo
azúcar glas
aceite de oliva virgen extra

 Aragón   4 personas   Media

1. Se separan las claras y las yemas y se reservan.

2. Se baten las claras a punto de nieve y también se reservan.

3. Se baten las yemas junto con una parte del azúcar glas hasta conseguir una masa esponjosa. A continuación, se añade la harina mezclada con la levadura y se trabaja hasta que se integren todos los ingredientes.

4. Se incorporan a la masa las claras batidas y el resto del azúcar glas y se remueve cuidadosamente con una espátula.

5. Finalmente, con una manga pastelera con la boquilla ancha se distribuye la masa en moldes rectangulares de papel aceitado, se espolvorean con azúcar glas y se hornean a temperatura suave durante 15 minutos, hasta que los bizcochos estén dorados.

Borrachos de Guadalajara

150 g de harina
250 g de azúcar
3 huevos
50 ml de vino blanco
100 ml de agua
canela
mantequilla

 Castilla La Mancha   4 personas   Media

1. Se baten bien las yemas de los huevos con 100 g de azúcar.

2. Se hace un merengue batiendo las claras a punto de nieve; se le añade el batido de las yemas y se incorpora, poco a poco, la harina tamizada, mientras se trabaja la masa.

3. Cuando los ingredientes estén uniformemente mezclados, se distribuye en una bandeja de horno ligeramente untada con mantequilla y se hornea a fuego moderado durante 25 minutos.

4. Mientras se enfría el bizcocho, se prepara un almíbar en un cazo al fuego con el resto del azúcar, el vino y el agua.

5. Para presentar el postre, se corta el bizcocho en porciones individuales, se empapan con el almíbar y se espolvorean con canela.

Borrachuelos

500 g de harina
100 ml de vino blanco
anís en grano
miel
sal
aceite aromatizado

 Castilla La Mancha   6 personas   Fácil

1. Se fríe media cucharadita de granos de anís en 100 ml de aceite y se deja enfriar.

2. Para elaborar la masa, se pone la harina en un recipiente y se mezcla bien con el aceite aromatizado. A continuación, se añade el vino y un poco de sal, y se amasa hasta conseguir una pasta homogénea.

3. Se pone la masa sobre la superficie de trabajo y se extiende con un rodillo hasta obtener una lámina muy fina. Utilizando una taza como molde, se cortan discos que se enrollan ligeramente.

4. Se fríen los borrachuelos en una sartén con el aceite muy caliente. Cuando estén dorados, se retiran de la sartén y se bañan en miel.

5. Se comen muy calientes.

Cocina Regional Española

Bunyols de l'Empordà

200 g de harina
30 g de azúcar
25 g de mantequilla
12 g de levadura prensada
50 ml de leche
1 huevo
1 cucharadita de anís dulce
matalahúva
ralladura de limón
aceite de oliva virgen extra

 Cataluña   4 personas   Media

1. Se disuelve la levadura en la leche tibia y se añade harina hasta formar una bolita blanda. Se cubre con un paño y se deja reposar unos 30 minutos, cerca de una fuente de calor, hasta que doble su volumen.

2. Sobre la superficie de trabajo se hace un volcán con el resto de la harina. En el centro se dispone la mantequilla, el huevo, una pizca de sal, una pizca de matalahúva, el azúcar y la cucharadita de anís; se mezcla todo. Se añade la masa fermentada y se trabaja bien con las manos hasta obtener una masa suelta.

3. Con las manos untadas de aceite, se toman pequeñas porciones de la masa y se hacen bolitas, que se disponen sobre una placa untada ligeramente con mantequilla. Se dejan reposar durante 40 minutos en un lugar caliente hasta que aumenten de volumen.

4. Se cogen los buñuelos, se practica un agujero en el centro con el dedo y se fríen en una freidora o en una sartén con abundante aceite.

5. Una vez dorados, se retiran del fuego, se dejan reposar unos instantes y se rebozan con azúcar.

Canutillos de Bilbao

Para la masa:
100 ml de leche
40 g de mantequilla
75 g de azúcar
sal
harina
azúcar glas

Para el relleno:
250 ml de leche
2 huevos
75 g de azúcar
maicena

 País Vasco   4 personas   Difícil

1. Para elaborar la masa, se disuelve el azúcar y una pizca de sal con la leche; se mezcla todo junto con la mantequilla y la harina necesaria para conseguir una masa suelta.

2. Sobre la superficie de trabajo, se estira la masa con un rodillo hasta obtener una lámina muy fina; se recortan tantos rectángulos como canutillos se vayan a hacer.

3. A continuación, se enrollan los rectángulos sobre unos moldes cilíndricos adecuados y se sella el borde presionando con los dedos mojados en agua. Se fríen en abundante aceite caliente y se escurren. Una vez fríos, se desmoldan y se reservan.

4. Se baten las yemas de los huevos con un poco de leche, 2 cucharadas de maicena y el azúcar. Se lleva a ebullición el resto de la leche y, cuando rompa a hervir, se agrega el batido y se remueve continuamente. Cuando vaya a empezar de nuevo la ebullición, se aparta del fuego y se deja enfriar.

5. Con una manga pastelera se rellenan de crema los canutillos y se espolvorean con azúcar glas.

Casadielles

Para la pasta:
100 g de mantequilla
harina, levadura en polvo
100 ml de vino blanco
50 ml de aceite de oliva virgen extra
50 ml de agua
limón, sal

Para el relleno:
250 g de nueces molidas
100 g de azúcar
1 copita de anís

 P. de Asturias   6 personas   Difícil

1. Se mezclan la nueces, el azúcar y el anís en un recipiente. Se remueve bien para que los ingredientes se integren. Se reserva.

2. Para preparar la pasta, se mezcla en un recipiente adecuado la mantequilla troceada, el aceite, el agua, el vino blanco, una pizca sal y unas gotas de limón; se añade poco a poco harina mezclada con levadura hasta que la masa no se pegue en las manos.

3. Se trabaja la pasta hasta que todo esté bien amalgamado y se extiende con un rodillo enharinado. Se dobla la masa y se extiende de nuevo; se repite esta operación un par de veces y se deja reposar en un sitio fresco durante 1 hora como mínimo.

4. Transcurrido este tiempo, se extiende la masa nuevamente con el rodillo hasta conseguir una lámina lo más delgada posible; se corta en trozos rectangulares.

5. A continuación, se distribuye una porción del relleno de nueces en cada rectángulo, se envuelven y se cierran por los extremos; se fríe en abundante aceite caliente. Al sacarlos de la sartén se rebozan en azúcar.

Cocina Regional Española

Coques de Sant Cristòfol

400 g de almendras crudas molidas
150 g de azúcar
5 huevos
agua de azahar

 C. Valenciana   6 personas   Media

1. Se separan la yemas de la claras y se reservan.

2. Se baten las claras a punto de nieve. Cuando estén consistentes, se añade el azúcar lentamente, las yemas, las almendras molidas y 2 cucharadas de agua de azahar.

3. Con mucho cuidado se amalgaman todos los ingredientes.

4. Se hacen las cocas y se hornean a fuego medio hasta que estén cocidas.

Crema de Sant Josep

500 ml de leche
4 huevos
125 g de azúcar
20 g de almidón
1 bastoncito de canela
1 limón

 Cataluña   4 personas   Difícil

1. Se separa un poco de leche, y el resto se hierve junto con la canela y la piel del limón.

2. Mientras, se separan las yemas de las claras y se desechan estas últimas; las yemas se baten con el azúcar.

3. Una vez caliente la leche, se vierte, a través de un colador, sobre el batido de huevo y azúcar y se remueve para que se integren; se añade el almidón disuelto en la leche reservada y se continúa removiendo de nuevo.

4. Se lleva el cazo al fuego y se deja espesar sin que llegue a hervir. Se aparta del fuego, se vierte sobre una bandeja y se deja enfriar.

5. Si se desea, se puede espolvorear un poco de azúcar por encima y quemarla con una pala especial calentada al rojo vivo.

Cuajado de almendras

200 g de almendras
200 g de azúcar
1 huevo
canela en polvo
aceite de oliva virgen extra
mantequilla

 Aragón 4 personas Fácil

1. Se escaldan las almendras durante un par de minutos y, tras escurrirlas y secarlas, se pelan.

2. Se majan las almendras con el azúcar en un mortero hasta obtener una pasta homogénea. A continuación, se añade la yema del huevo batida con una pizca de canela y se sigue trabajando hasta su total integración.

3. Se unta ligeramente con mantequilla una bandeja de cerámica que pueda meterse en el horno; se vierte la pasta elaborada y se hornea hasta que la superficie esté dorada.

Dátiles rellenos

30 dátiles
150 g de almendras molidas
40 g de azúcar glas
10 g de mantequilla
2 cucharaditas de licor
colorante alimentario

 C. de Ceuta y C. de Melilla   6 personas   Fácil

1. Se practica un corte longitudinal a los dátiles y se les extrae el hueso. Se reservan.

2. Para elaborar la pasta de almendras, se amalgaman con la batidora las almendras molidas y el azúcar.

3. Una vez obtenida una masa homogénea, se dispone sobre la superficie de trabajo y se amasa agregando el licor y la mantequilla previamente fundida.

4. A continuación, se tiñe la pasta con colorante alimentario. Para utilizar varios colores, se divide antes la masa en tantas porciones como colores.

5. Por último, se amasan en forma de dátil pequeñas porciones de pasta y se rellena con ellas cada dátil.

Cocina regional española

Fardelejos

Para la masa:
300 g de harina
75 g de manteca de cerdo
75 ml de agua
sal

Para el relleno:
300 g de almendras
150 g de azúcar
4 huevos

 La Rioja   6 personas   Media

1. Se funde la manteca de cerdo junto con el agua y un poco de sal en una cazuela removiendo constantemente; se añade la harina poco a poco hasta conseguir una masa homogénea.

2. Una vez fría, se extiende con un rodillo sobre la superficie de trabajo hasta obtener una lámina fina, que se corta en porciones rectangulares.

3. Para preparar el relleno, se escaldan las almendras, se secan, se pelan y se trituran; se ponen en un recipiente con los huevos y el azúcar.

4. Con la mezcla preparada se rellenan las porciones de pasta, que se doblan y cierran por los bordes presionando bien.

5. Se fríen los fardelejos en abundante aceite y, una vez dorados, se escurren y se espolvorean con azúcar glas.

Filloas

250 ml de leche
250 ml de agua
125 g de harina
4 huevos
sal
azúcar lustre
manteca de cerdo

 Galicia   6 personas   Media

1. Se baten bien los huevos con un poco de sal; se añade el agua, la leche y la harina, poco a poco y sin dejar de batir, hasta conseguir una mezcla con la consistencia de unas natillas.

2. Se unta ligeramente una sartén con la manteca de cerdo, se vierte la cantidad de batido necesaria para cubrir la base y se deja cocer hasta que se seque. Cuando se desprenda de la sartén, se le da la vuelta a la filloa para hacerla por el otro lado. Se repite la operación hasta terminar con el batido.

3. Cuando estén cocidas, se espolvorean con azúcar glas.

4. Preferiblemente se sirven calientes.

Frangollo

1,5 l de leche
corteza de limón
250 g de harina de maíz
3 huevos
100 g de azúcar
100 g de pasas
25 g de almendras molidas
mantequilla

 Canarias   6 personas   Fácil

1. Se lleva a ebullición la leche con un poco de corteza de limón.

2. Cuando la leche rompa a hervir, se retira la corteza, se baja el fuego al mínimo, se añade la harina y se remueve bien hasta que espese.

3. Llegado este punto, se agregan las yemas de huevo batidas, el azúcar, las pasas, las almendras y una cucharada de mantequilla. Se remueve durante unos segundos y se retira del fuego.

4. Se sirve a temperatura ambiente y puede acompañarse con miel.

Frixuelos

750 ml de leche
100 g de mantequilla
4 huevos
250 g de harina
50 g de azúcar
ralladura de limón
aceite de oliva virgen extra
sal

 P. de Asturias   6 personas   Media

1. Se dispone la harina en un recipiente grande y se hace un hoyo en el centro. Se añaden los huevos, el azúcar, la ralladura de limón, una pizca de sal y la leche, removiendo constantemente. Una vez conseguida una pasta semilíquida, se añade la mantequilla derretida y se sigue batiendo hasta que se integre.

2. En una sartén pequeña untada ligeramente con aceite, se distribuyen 2 cucharadas de pasta, de modo que cubran toda la superficie. Cuando haya cuajado, se le da la vuelta para cocerla por el otro lado. Se repite la operación hasta que se agote la pasta.

3. Los *frixuelos* se sirven calientes y espolvoreados con azúcar o con un poco de miel.

Gató d'ametlla

250 g de almendras
250 g de azúcar
7 huevos
canela
ralladura de limón
mantequilla
harina

 Islas Baleares   6 personas   Media

1. Se escaldan las almendras durante unos minutos, se escurren, se secan con un paño de cocina, se les quita la piel y se trituran.

2. A continuación, se separan las yemas y las claras de los huevos y se reservan.

3. En un recipiente se mezclan las almendras, el azúcar, las yemas y una pizca de canela. Se baten las claras a punto de nieve y también se agregan mezclando suavemente.

4. Se unta ligeramente con mantequilla una bandeja de horno, se espolvorea con harina y se vierte la masa. Se hornea a fuego suave hasta que el pastel esté cocido: al pinchar con un palillo debe salir seco y limpio.

Gericaya

500 ml de leche
8 yemas de huevo
100 g de azúcar
canela molida
mantequilla

 Canarias   6 personas   Fácil

1. Se bate la leche junto con las yemas de huevo y el azúcar.

2. Se unta ligeramente con mantequilla un molde de pudín del tamaño adecuado, se llena con el batido y se hornea durante 25 minutos a temperatura media.

3. Transcurrido este tiempo, se comprueba que el dulce esté cocido pinchándolo con una aguja de pastelería.

4. Una vez finalizada la cocción, se deja enfriar, se desmolda y se espolvorea con canela.

Cocina regional española

Greixonera dolça

1 l de leche
6 huevos
250 g de azúcar
100 g de ensaimada seca
ralladura de limón
1/2 bastón de canela
manteca de cerdo

 Islas Baleares   6 personas   Media

1. Se remoja la ensaimada en un recipiente con un poco de leche. Mientras, se baten los huevos y se mezclan con el resto de la leche, el azúcar, la canela y la ralladura de limón.

2. Cuando estos ingredientes estén bien amalgamados, se agrega la ensaimada ya reblandecida y se remueve bien.

3. Se unta ligeramente con manteca de cerdo una olla que pueda ir al horno, se vierte la mezcla obtenida y se cuece a 120 °C. El postre estará listo cuando al pincharlo con una aguja de pastelería esta salga seca.

Guirlache

250 g de almendras tostadas
250 g de azúcar
zumo de limón
anises confitados
mantequilla

 C. F. de Navarra   6 personas   Difícil

1. En una cazuela al fuego se pone el azúcar junto con una cucharadita de zumo de limón. Se remueve continuamente con una cuchara de madera hasta que se alcance el punto de caramelo.

2. Inmediatamente, se añaden las almendras peladas y picadas; se sigue removiendo hasta obtener una pasta homogénea.

3. Se retira del fuego y se vierte la masa sobre un mármol ligeramente untado con mantequilla. Se salpica con los anises y se extiende con el rodillo también untado hasta conseguir un espesor de 2 centímetros.

4. Antes de que se enfríe completamente, se corta en porciones regulares con un cuchillo ligeramente aceitado

Huesos de santo

200 g de almendras molidas
100 g de patatas
125 g de azúcar
225 ml de agua
6 yemas de huevo
ralladura de limón

 C. de Madrid   4 personas   Difícil

1. Se elabora un puré con las patatas y se reserva.

2. Se prepara un almíbar con 100 ml de agua, 25 g de azúcar y ralladura de limón. Cuando haya adquirido el punto de hebra, se añaden las almendras molidas y el puré de patatas y se remueve para que quede todo bien integrado.

3. Cuando la masa esté fría, se trabaja, se extiende con un rodillo sobre la superficie de trabajo y se corta en tiras. A continuación, se hacen canutillos con las tiras de masa y se hornean durante unos minutos para que pierdan la humedad.

4. Para elaborar el relleno, se pone un cazo al fuego con el resto del agua y del azúcar y se hierve hasta alcanzar el punto de hebra fuerte.

5. A continuación, se añaden las yemas, se trabajan con el batidor hasta que cuajen, se aparta la olla del fuego y se deja enfriar.

6. Cuando el relleno esté completamente frío, se introduce en los canutillos.

Leche frita

650 ml de leche
2 yemas de huevo
40 g de harina
125 g de azúcar
ralladura de limón

Para rebozar:
1 huevo
harina
canela
azúcar
aceite de oliva virgen extra

 Cantabria 4 personas Media

1. Se lleva la leche a ebullición.

2. Mientras, se elabora un batido con la harina, el azúcar, la yemas de huevo y la ralladura de limón.

3. Cuando la leche rompa a hervir, se aparta del fuego, se le agrega el batido elaborado y, sin dejar de remover, se lleva de nuevo al fuego. Antes de que vuelva a hervir, se retira el cazo del fuego y se vierte el contenido en una bandeja de más de dos centímetros de altura.

4. Antes de cortar las porciones para rebozar, la masa debe reposar como mínimo 2 horas, aunque es mejor mantenerla en la nevera 24 horas.

5. Las porciones de masa ya cortadas se rebozan con huevo y harina, se fríen en una sartén con aceite bien caliente y, después de escurrirlos, se rebozan con azúcar y canela.

Melocotones al vino de Rioja

4 melocotones de viña
750 ml de vino tinto Rioja joven
350 g de azúcar
piel de naranja
piel de limón
canela en rama

 La Rioja   4 personas   Fácil

1. Se escogen unos melocotones más o menos duros y que no presenten golpes, se parten por la mitad, se pelan y se reservan.

2. En una cazuela al fuego se pone el azúcar, el vino, la canela y la piel de naranja y de limón; se deja cocer durante 15 minutos a fuego muy suave.

3. Transcurrido este tiempo, se incorporan los melocotones y se dejan cocer hasta que estén blandos. Si llegado este punto la salsa no estuviera suficientemente espesa, se retiran los melocotones y se la deja reducir.

4. En el momento de servir, se vierte sobre los melocotones la salsa, de la que se habrá retirado previamente la canela y las pieles de naranja y limón.

Mostachones

250 g de almendras molidas
175 g de harina
150 g de azúcar
100 g de mantequilla
4 yemas
1 cucharadita de canela

 Castilla y León   6 personas   Media

1. Se bate la mantequilla hasta obtener una crema. Llegado este punto, se añade el azúcar y las almendras, se sigue batiendo y, finalmente, se agrega la harina.

2. Cuando la harina esté bien integrada, se añaden las yemas batidas y la canela y se sigue batiendo hasta obtener una masa homogénea.

3. En una bandeja de horno, se disponen bolitas de masa, se aplastan ligeramente y se dejan en reposo durante 1 hora.

4. Transcurrido este tiempo, se cuecen durante 20 minutos en el horno precalentado a 200 °C.

5. Cuando los mostachones se saquen del horno, se espolvorean con azúcar y canela.

Orejas

500 g de harina
100 g mantequilla
2 huevos
50 ml de anís
ralladura de limón
1 cucharadita de azúcar glas
sal
aceite de oliva virgen extra
azúcar

 Galicia   6 personas   Media

1. En un recipiente se hace un volcán con la harina y en su centro se ponen los huevos, el azúcar glas, la mantequilla ablandada, la ralladura de limón, el anís y una pizca de sal. Se trabaja bien y se deja en reposo durante 2 horas.

2. Transcurrido este tiempo, se separan porciones de masa, se estiran bien con el rodillo y se fríen en abundante aceite caliente.

3. A medida que se retiran las orejas de la sartén, se espolvorean con azúcar.

Paparajotes

1 l de leche
200 g de azúcar
harina
8 huevos
levadura
canela
ralladura de limón
16 hojas de limonero

 R. de Murcia   4 personas   Media

1. En un recipiente se vierte la leche, el azúcar, los huevos, un poco de canela, ralladura de limón y levadura; se trabajan todos los ingredientes hasta que estén bien integrados.

2. A continuación, se añade poco a poco la harina; se sigue trabajando hasta obtener una pasta con la consistencia adecuada para rebozar. Se deja reposar durante unos minutos.

3. Una vez limpias y secas las hojas de limonero, se rebozan con la pasta y se fríen en abundante aceite caliente.

4. Al retirarlas de la sartén se espolvorean con azúcar y canela.

Pastel vasco

Para la masa:
250 g de harina
225 g de azúcar
4 huevos
25 ml de ron
ralladura de limón

Para el relleno:
250 ml de leche
50 g de harina
100 g de azúcar
4 huevos
1/2 varita de vainilla
25 ml de Kirsch
100 g de pasas de Corinto

 País Vasco   6 personas   Difícil

1. Sobre la superficie de trabajo se hace un volcán con la harina tamizada, y en el centro se vierten 3 yemas de huevo, 1 huevo entero, el ron y la ralladura de limón. Se trabaja bien hasta obtener una masa homogénea. Se cubre con un paño y se deja reposar.

2. Para preparar el relleno, se baten en una cazuela las yemas con el azúcar, la harina y el *Kirsch*; se agrega la leche, previamente hervida con la vainilla, y, sin dejar de batir, se lleva al fuego hasta conseguir una crema espesa. Se añaden las pasas, se sigue batiendo y se deja enfriar.

3. Se forra un molde desmontable con la masa preparada, de modo que se obtenga un grosor de 1 centímetro; el resto de masa se reserva para cubrir el pastel. Se vierte la crema de relleno en el molde y se recubre con una rejilla formada con tiras de la masa reservada. Se espolvorea con azúcar glas y se lleva al horno a 200 °C hasta que esté dorado.

Puritos de almendra

375 g de almendras molidas
100 g de azúcar glas
25 g de mantequilla
1 cucharada de canela
8 hojas de pasta filo
1 huevo
aceite de oliva virgen extra
200 g de azúcar
125 ml de agua
2 cucharadas de miel
limón

 C. de Ceuta y C. de Melilla   6 personas   Media

1. Para elaborar la pasta de almendras, se unen en un vaso batidor las almendras molidas y el azúcar.

2. Una vez obtenida una masa homogénea, se dispone sobre la superficie de trabajo y se amasa agregando la canela y la mantequilla previamente fundida.

3. Se corta cada hoja de pasta filo en tres partes para obtener 24 láminas, y se divide la masa de almendra también en 24 porciones.

4. Sobre cada lámina de pasta filo se dispone una porción cilíndrica de masa, se dobla la pasta sobre el relleno, se doblan los lados y se termina de enrollar. Por último, se pega el borde con clara de huevo.

5. Se fríen los puritos en una sartén con abundante aceite caliente hasta que estén dorados.

6. Una vez bien escurridos, se bañan en un almíbar elaborado con el azúcar y el agua, al que se añadirá la miel y unas gotas de limón.

Rollos de vino dulce

1 kg de harina
500 g de manteca
250 g de azúcar
250 ml de vino dulce
3 huevos
bicarbonato
canela

 R. de Murcia   6 personas   Media

1. Se baten 2 huevos con la manteca reblandecida hasta conseguir una mezcla homogénea.

2. A continuación, se añade el vino, el azúcar, la harina y media cucharadita de bicarbonato; se trabaja hasta obtener una masa fina.

3. Se toman porciones de masa y se hacen rollos que se disponen sobre una bandeja de horno untada con manteca.

4. Con el huevo restante se pintan los rollos, se espolvorean con una mezcla de azúcar y canela y se hornean a fuego medio hasta que estén dorados, unos 15 o 20 minutos.

Rosquillas de huevo y miel

500 g de harina
125 ml de miel
125 ml de leche
3 huevos
anís
levadura
ralladura de limón
aceite de oliva virgen extra

 Extremadura   6 personas   Media

1. Se separan las yemas de las claras y se baten a punto de nieve; se reservan.

2. Se vierte la harina en un recipiente y se hace un volcán, al centro del cual se agregan las yemas, la miel, la leche, 2 cucharadas de levadura, la ralladura de 1 limón y un poco de anís. Se amasa bien; finalmente, se agregan las claras montadas.

3. A continuación, se toman bolitas de masa y se hacen rosquillas; se fríen en una sartén con abundante aceite caliente y ya están listas para servir.

Rosquillas de San Isidro

400 g de harina
125 g de azúcar
100 ml de aceite de oliva virgen extra
50 ml de aguardiente
25 ml de anís
4 huevos
canela

Para la glasa:
125 g de azúcar glas
1 clara de huevo
zumo de limón

 C. de Madrid   6 personas   Media

1. Sobre la superficie de trabajo se hace un volcán con la harina y se incorporan los huevos, el aceite, el azúcar, un poco de canela, el aguardiente y el anís.

2. Se trabaja hasta obtener una masa homogénea, se hace una bola y se deja reposar durante 90 minutos tapada con un paño húmedo en un lugar fresco.

3. Transcurrido este tiempo, se extiende la masa con un rodillo hasta obtener un espesor de 1 centímetro.

4. Se corta la masa en tiras, con las que se hacen rosquillas; se depositan sobre una bandeja de horno untada con aceite y espolvoreada con harina. Se hornean a temperatura alta.

5. Mientras, se elabora una glasa batiendo bien el azúcar glas con la clara de huevo y unas gotas de zumo de limón.

6. Cuando las rosquillas estén cocidas, se retiran del horno, se dejan enfriar completamente y se bañan con la glasa. Se llevan nuevamente al horno hasta que la glasa esté seca.

Sobaos pasiegos

250 g de harina
250 g de azúcar
250 g de mantequilla
3 huevos
ralladura de limón
levadura
ron
sal

 Cantabria   6 personas   Media

1. En un recipiente, se pone la mantequilla reblandecida, el azúcar, los huevos batidos, un poco de sal, ralladura de limón y una cucharada de ron. Se baten bien todos los ingredientes.

2. Una vez conseguida una mezcla homogénea, se añade la harina mezclada con 2 cucharaditas de levadura y se amasa con las manos hasta que todos los ingredientes estén bien integrados.

3. Se distribuye la masa obtenida en moldes de papel llenándolos hasta la mitad. Se hornean a fuego medio hasta que estén dorados, unos 15 minutos.

Suspiros

200 g de azúcar
2 claras de huevo
200 g de almendras tostadas y fileteadas
ralladura de limón
125 ml de agua

 C. Valenciana   4 personas   Media

1. Se elabora un almíbar con el azúcar y el agua a fuego lento.

2. Aparte, se montan las claras a punto de nieve y, cuando el almíbar esté listo, se incorpora a las claras lentamente mientras se trabaja con las varillas. Sin dejar de remover, se añaden las almendras y la ralladura de medio limón.

3. Cuando todos los ingredientes estén bien amalgamados, se disponen montoncitos de masa sobre una bandeja de horno previamente untada con mantequilla. Se hornean a fuego medio durante 15 o 20 minutos.

COCINA REGIONAL ESPAÑOLA

Suspiros de moro

Para la masa:
6 *huevos*
150 g de azúcar
1 *limón*
150 g de harina
mantequilla

Para el adorno:
500 g de nata montada
2 cucharadas de azúcar
250 g de chocolate

 Andalucía   6 personas   Media

1. En un bol se baten las yemas con el azúcar y la ralladura del limón, se añade la harina y cuando los ingredientes estén bien mezclados, se incorporan las claras montadas a punto de nieve.

2. Se unta con mantequilla un molde para horno, se espolvorea con harina y se vierte la masa. A continuación, se hornea durante 15 minutos. Una vez frío, el bizcocho se corta en tiras.

3. Se bate la nata con el azúcar, se reparte sobre el bizcocho y se introduce en el congelador. Aparte, en un recipiente adecuado, se vierte la leche, se añade el chocolate cortado en trozos y se funde al baño María.

4. Cuando el bizcocho esté frío, se saca de la nevera y se cubre con el chocolate fundido.

COCINA REGIONAL ESPAÑOLA

Torrijas

12 rebanadas de pan
500 ml de leche
2 huevos
aceite de oliva virgen extra
azúcar
anís

 Extremadura   4 personas   Fácil

1. Se cortan 12 rebanadas de 1 centímetro de una barra de pan estrecha y ligeramente seca.

2. En una bandeja se vierte la leche; se ponen las rebanadas de pan y se las deja que se empapen durante unos 15 minutos.

3. A continuación, se retiran con cuidado, se escurren, se pasan por huevo batido y se fríen por ambas caras en aceite muy caliente.

4. Una vez doradas y escurridas, se espolvorean con azúcar y unas gotas de anís, y se pueden acompañar con frutos rojos.

Tortas de chachigorri

350 g de harina
100 g de azúcar
200 g de chicharrones
2 huevos
mantequilla
ralladura de limón

 C. F. de Navarra   6 personas   Media

1. Sobre la superficie de trabajo, se hace un volcán con 300 g de harina y se agregan los chicharrones picados, la mitad del azúcar, los huevos, la ralladura de medio limón y una cucharada rasa de mantequilla. Se trabaja hasta obtener una masa homogénea y se deja reposar durante unos minutos.

2. Se cogen porciones de masa, se enharinan ligeramente y se estiran con el rodillo hasta obtener tortas redondas y delgadas. Se espolvorean con el azúcar restante y se llevan al horno, donde se cuecen hasta que estén doradas.

Yemas de Santa Teresa

250 g de azúcar
50 g de azúcar glas
12 huevos
ralladura de limón
250 ml de agua

 Castilla y León   6 personas   Difícil

1. Se elabora un almíbar a punto de bola con el azúcar y el agua.

2. En un bol aparte, se baten 11 yemas de huevo, 1 huevo entero y la ralladura de 1 limón.

3. Se incorpora el batido al almíbar y, sin dejar de batir, se mantiene en el fuego hasta que las yemas se cuajen.

4. Se espolvorea con azúcar la superficie de trabajo y sobre ella se vuelca la masa obtenida. Una vez fría, se toman pequeñas porciones y se hacen bolitas.

5. Se pasan por azúcar glas y se acomodan en pequeños moldes de papel.

Índice de recetas

Primeros platos 9
Ajoblanco 11
Almejas a la marinera. 12
Arroz ajoarriero. 13
Arroz con habichuelas 14
Arroz negro 15
Atascaburras 16
Boroñu preñau 17
Caldo gallego 18
Caldo guanche 19
Caracoles a la madrileña. 20
Cardo guisado con almendras 21
Cocido lebaniego 22
Cocido maragato. 23
Cocido vasco 24
Empanada de lomo 25
Ensalada de pimientos y tomate. 26
Espencat 27
Espinacas a la sevillana. 28
Gazpacho extremeño. 29
Habas a la catalana 30
Huevos carlistas 31
Judías al tío Lucas 32
Judías rojas de Sangüesa 33
Lacón con grelos. 34
Lombarda a la madrileña 35
Migas aragonesas 36
Migas de pastor 37
Olla gitana 38
Olla podrida. 39

Cocina regional española

Olla valenciana	40
Patatas a la riojana	41
Pinchos de cordero	42
Piparrada	43
Porrusalda	44
Pote asturiano	45
Puchero	46
Repápalos	47
Revuelto de setas	48
Salmorejo	49
Sopa de ajo castellana	50
Sopa de col a la mallorquina	51
Tortilla de verduras	52
Tumbet	53
Xató	54
Zarangollo	55
Segundos platos	57
Anguila al allipebre	59
Bacalao a la riojana	60
Bacalao al estilo de Valladolid	61
Bacalao al estilo de Yuste	62
Caballa en escabeche	63
Caldeirada	64
Caldereta asturiana	65
Caldereta de pescado	66
Caldereta extremeña	67
Calderete ribereño	68
Caldero del Mar Menor	69
Callos a la madrileña	70
Capón de Villalba	71
Cazón en adobo	72
Chuletas de cordero al ajo cabañil	73
Cochinillo asado	74
Conejo con pisto al estilo de La Mancha	75
Cordero al chilindrón	76
Corvina con chícharos	77
Cuchifrito de cabrito	78
Cuscús de verduras con carne	79

Cocina regional española

Encebollado de viejas con papas arrugadas	80
Engravá	81
Fabas con almejas	82
Falda de ternera rellena	83
Gaspatxo d'Utiel	84
Gazpacho manchego	85
Kokotxas a la donostiarra	86
Lechazo asado	87
Magras con tomate	88
Mar i muntanya	89
Marmita de bonito	90
Merluza al estilo de la Ribera	91
Morteruelo	92
Pastel de carne	93
Perdiz estofada	94
Peus de porc a la catalana	95
Pollo al chilindrón	96
Pollo campurriano	97
Pollo embarrado	98
Pulpo con cachelos	99
Rabo de toro	100
Rape a la Rusadir	101
Salmonetes a la menorquina	102
Sardinas a la santanderina	103
Sofrit pagès	104
Soldaditos de Pavía	105
Suquet	106
Ternasco asado	107
Trucha a la navarra	108
Txangurro relleno	109
Zorza	110
Postres	111
Amarguillos serranos	113
Arnadí	114
Bizcochos de Calatayud	115
Borrachos de Guadalajara	116
Borrachuelos	117
Bunyols de l'Empordà	118

Cocina regional española

Canutillos de Bilbao	119
Casadielles	120
Coques de Sant Cristòfol	121
Crema de Sant Josep	122
Cuajado de almendras	123
Dátiles rellenos	124
Fardelejos	125
Filloas	126
Frangollo	127
Frixuelos	128
Gató d'ametlla	129
Gericaya	130
Greixonera dolça	131
Guirlache	132
Huesos de santo	133
Leche frita	134
Melocotones al vino de Rioja	135
Mostachones	136
Orejas	137
Paparajotes	138
Pastel vasco	139
Puritos de almendra	140
Rollos de vino dulce	141
Rosquillas de huevo y miel	142
Rosquillas de San Isidro	143
Sobaos pasiegos	144
Suspiros	145
Suspiros de moro	146
Torrijas	147
Tortas de chachigorri	148
Yemas de Santa Teresa	149

Recetas por comunidades autónomas

Andalucía
Ajoblanco 11
Amarguillos serranos 113
Cazón en adobo 72
Corvina con chícharos 77
Espinacas a la sevillana. 28
Rabo de toro 100
Salmorejo 49
Suspiros de moro 146

Aragón
Arroz ajoarriero. 13
Bizcochos de Calatayud 115
Cuajado de almendras 123
Magras con tomate 88
Migas aragonesas 36
Pollo al chilindrón 96
Ternasco asado 107

Canarias
Caldo guanche 19
Encebollado de viejas con papas arrugadas 80
Frangollo. 127
Gericaya 130
Pollo embarrado 98
Puchero. 46

Cocina regional española

Cantabria
Almejas a la marinera 12
Cocido lebaniego 22
Leche frita 134
Marmita de bonito 90
Pollo campurriano 97
Sardinas a la santanderina 103
Sobaos pasiegos 144

Castilla La Mancha
Atascaburras 16
Borrachos de Guadalajara 116
Borrachuelos 117
Conejo con pisto al estilo de La Mancha 75
Gazpacho manchego 85
Morteruelo 92
Olla podrida 39

Castilla y León
Bacalao al estilo de Valladolid 61
Cardo guisado con almendras 21
Cochinillo asado 74
Cocido maragato 23
Lechazo asado 87
Mostachones 136
Sopa de ajo castellana 50
Yemas de Santa Teresa 149

Cataluña
Arroz negro 15
Bunyols de l'Empordà 118
Crema de Sant Josep 122
Habas a la catalana 30
Mar i muntanya 89
Peus de porc a la catalana 95
Suquet 106
Xató 54

Ciudad Autónoma de Ceuta y Ciudad Autónoma de Melilla

Caballa en escabeche	63
Cuscús de verduras con carne	79
Dátiles rellenos	124
Ensalada de pimientos y tomate	26
Pinchos de cordero	42
Puritos de almendra	140
Rape a la Rusadir	101
Tortilla de verduras	52

Comunidad Foral de Navarra

Cordero al chilindrón	76
Guirlache	132
Huevos carlistas	31
Judías rojas de Sangüesa	33
Merluza al estilo de la Ribera	91
Revuelto de setas	48
Tortas de chachigorri	148
Trucha a la navarra	108

Comunidad de Madrid

Callos a la madrileña	70
Caracoles a la madrileña	20
Huesos de santo	133
Judías al tío Lucas	32
Lombarda a la madrileña	35
Rosquillas de San Isidro	143
Soldaditos de Pavía	105

Comunidad Valenciana

Anguila al allipebre	59
Arnadí	114
Coques de Sant Cristòfol	121
Engravá	81
Espencat	27
Gaspatxo d'Utiel	84
Olla valenciana	40
Suspiros	145

Cocina regional española

Extremadura

Bacalao al estilo de Yuste	62
Caldereta extremeña	67
Cuchifrito de cabrito	78
Gazpacho extremeño	29
Repápalos	47
Rosquillas de huevo y miel	142
Torrijas	147

Galicia

Caldeirada	64
Caldo gallego	18
Capón de Villalba	71
Empanada de lomo	25
Filloas	126
Lacón con grelos	34
Orejas	137
Pulpo con cachelos	99

Islas Baleares

Caldereta de pescado	66
Gató d'ametlla	129
Greixonera dolça	131
Salmonetes a la menorquina	102
Sofrit pagès	104
Sopa de col a la mallorquina	51
Tumbet	53

La Rioja

Bacalao a la riojana	60
Calderete ribereño	68
Fardelejos	125
Melocotones al vino de Rioja	135
Migas de pastor	37
Patatas a la riojana	41
Perdiz estofada	94

País Vasco

Canutillos de Bilbao	119
Cocido vasco	24
Falda de ternera rellena	83
Kokotxas a la donostiarra	86
Pastel vasco	139
Piparrada	43
Porrusalda	44
Txangurro relleno	109

Principado de Asturias

Boroñu preñau	17
Caldereta asturiana	65
Casadielles	120
Fabas con almejas	82
Frixuelos	128
Pote asturiano	45
Zorza	110

Región de Murcia

Arroz con habichuelas	14
Caldero del Mar Menor	69
Chuletas de cordero al ajo cabañil	73
Olla gitana	38
Paparajotes	138
Pastel de carne	93
Rollos de vino dulce	141
Zarangollo	55

www.ingramcontent.com/pod-product-compliance
Lightning Source LLC
Chambersburg PA
CBHW080639170426
43200CB00015B/2887